근친주의, 나비학파

지은이 김병심
펴낸이 박경훈
펴낸곳 도서출판 각

초판 인쇄 2013년 12월 26일
초판 발행 2013년 12월 31일

도서출판 각
주소 (690-809) 제주특별자치도 제주시 삼도2동 108-16 2층
전화 064 · 725 · 4410
팩스 064 · 759 · 4410
등록번호 제80호
등록일 1999년 2월 3일

ISBN 978-89-6208-104-6 03810

값 8,000원

한국문화예술위원회 제주특별자치도 제주문화예술재단

김병심 5Ral

근친주의, 나비학파

도서출판 GAK

다산에게

신기에게

Since 2012.~ ∞

–영원이란, 내게 없는 말이다. 순간을 사랑하는 나라서 미안하다.

목차

1부 Star Wars

2부 Holic

3부 팔랄라 팔랄라

4부 깨어나, 친구들아

뒤붂치는 사랑을 앓고 있는 광기,
약을 먹지 않고 견디는 상실한 언어통,
멀고도 가까운 내통

1부
Star Wars

소개서

생년월일: 1974년 11월 1일
출신지: 다국적
몸무게: 사과 세 개
혈액형: A형
좋아하는 음식: 애플파이

키티라, 새끼를 못 낳는 나를 아이의 생식기에 달아줘서 고마워요. 까만 머리 까만 눈을 가진 이탈리아계 배관공이 나보다 더 인기가 있다고 했지만 하얀명랑깜찍이 나를 소녀들도 좋아해요. 마일리 사이너스, 브리트니 스피어스, 크리스티나 아길레라…… 제 주위의 모티브들도 나름 괜찮아요.

쌍둥이 여동생 미미, 노란색 리본을 달았구나. 레몬트리에서 하나 떼어 너에게 장식했지. 참고로 넌 오렌지를 좋아했어. 어머니 메리는 피아노 칠 때가 좋았는데 이제는 과자를 만드시네요. 아빠의 회사생활은 조지라는 외투가 질리지 않게 처리해주죠. 할아버지와 할머니와 내 남자 친구 다니엘 스타, 내 애완 고양이 페르시아산 챠미키티 그래, 새끼를 낳았지. 하니 큐트 마지막으로 반려 동물인 햄스터슈가, 나의 코드를 다 읽으셨나요.

남친은 남아프리카공화국으로 떠났었죠. 5년 뒤에 다시 만났지만 우리의 5년은 쉰 살의 바비에 비하면 짧아서 다행이죠. 바비는 43년간 사귀던 켄과 결별하고 지금은 블레인과 만나서 서핑보트를 즐겨 타죠.

중상류층인 바비에 비해 나는 무국적이라고 할까요. 본적은 영국이지만 한 번도 가본 적이 없어요. 바비는 50인데도 여전히 섹시하고 탱탱한 가슴을 유지하지만 난, 열두 살부터 성장이 멈춘 가와이 소녀예요.

백치의 얼굴에 입을 다물고 들어주는 나를 사람들은 내키는 대로 해석해요. 저에겐 딱히 스토리가 없어요. 구설수가 없으니까 저를 10년 이상 만난 사람들은 다들 명품이라고 불러 주네요.

내 동그랗고 까만 눈을 읽지 못한다구요? 내가 인사를 하지 않는다구요! 깨물어 주고 싶다고 온 마음을 저로 채우고도 알 수 없다고 말하는 당신, 맞아요 제 과거의 이름을 알고 있던 앨리스도 그렇게 저를 불렀어요.

기흉

그는 아들의 연인이었다 가슴에 꼬옥 안겨 입맛을 다시는 꿈 너머로 건너온

다음 방랑을 할 수 있게 사정을 원하지만 아이는 필요하지 않은 여자에게 건너온

아내나 가족을 원치 않은 그가 모든 여자를 남겨둔 것은 아니었다

모유로 해석되지 않는 그는 수면 같아서 꿈속까지 동행하지 못했다

그가 뒤척일 때마다 다찌들은 그의 오목테두리를 쓰다듬었다

그가 길을 잃을 때는 게이들이 할례의 달즙을 꺼내 물리곤 했다

그 빛으로 살아 돌아온 그를 가슴우리에 숨겨, 긴 잠 너머로 건너면

그는 연인이 되었다

종이 위에서만 허락하던 비역의 대차대조표를 끊은 그는

여자의 몸속에서 방랑하는 중이다

가슴살이 얇아 물가슴증을 앓고 있는 아들은 여자를 연인의 연인이라 불렀다

가부키의 십팔번

시마이 사막에서 뭉툭한 송곳니로 부르는 노래가 들려 온다

어쩌면 나는 몸만 그리워했는지 몰라
발톱과 송곳니를 갈아 직립해야 했던 교토에서 누나는 가면을 쓰고 태어났어 새벽이면 홍등 숲과 술잔의 습지에서 돌아온 누나는 털이 없어서 핏기 없는 가면을 그대로 뒤집어쓴 채 녹이 슬어갔지 그 피가 내게도 흐르고 있어 이따금 쥐의 뱃속에서 나온 송곳니와 발톱 부스러기가 태반에 뭉쳐 발견되곤 했지만 나는 더러운 짐승이라고 욕할 수 없었지

피는 씻어도 피라는 것을 자고 나면 자라나는 털을 보고 알게 되었다 짐승의 피는 밤이면 환상통에서 깨어나 누나를 끌어안고 한낮을 피해 가면을 뒤집어써야 잠이 들었다 나는 모아둔 밤마다 할례의 몸속을 돌고 온 무리를 습격해야 잠잠해졌다 누나의 입속에 술을 들이붓는 인간들을 꺼내어 물어뜯고 싶었다 몸값이 부풀어 이곳저곳 반라춤 추던 누나 대신 나는 없는 발톱과 송곳니로 가면을 쓴 누나가 되어갔다

털이 없는 턱과 발바닥은 누나와 표묘한 내통일까

내가 취한 사이 들쳐진 치마 속 뱀을 흔들던 여자들이 송곳니에 물려 마구잡이로 간음한 누나를 불러들였다 나를 탐낸 밤의 사내들이 달아났다 내 몸 안은 누나의 몸을 동경한 이국, 누나를 처음 봤을 때 생성된 인간의 몸이기에

내가 부르는 노래는 모래사막에서부터 누나의 몸속으로 유랑하던 열여덟의 여장남자, 늑대의 피로 부르던 첫 남자의 수화였다

Totem

우레는 비의 근친이고 바람은 번개의 근친이라면 뱀과 여우는 제비의 근친인가

금기 속에서 너와 나는 근친이고, 이불 속에서 말아 쥔 살이 근친, 너를 생각하면 아찔한 카오스와 코스모스는 윗대부터 내려온 애정의 몸살이다

구름과 바람이 비를 낳고 너와 나는 구애의 춤을 춰야 냄새를 씻을 수 있는 바람난 자식들, 너를 낳은 나는 네가 낳은 나

한데 섞여 부는 불순한 인종의 풍화 속에서 우리는 이 낯선 나라와 동거 중인가

아픈 나를 만져주던 귀엣말 속 너는, 나의 남자
'남편과 이별수가 있는 한 해, 당신의 지혜로 돌아오는 남편, 이별은 없을 거요'
별점에 침을 묻히는 귓불의 밤이 서러워, 네가 지금은 내 남편

거리는 추억의 근친이고 눈물은 그리움의 근친이라면 대답 없는 핸드폰과 메일은 보고 싶어 근친이 되어버린 언어, 네가 근친

休休

- 사람을 찾아 돌아오다

호명 대신 누나라고 부르던 생애가 비참하다. 이름을 부르면 눈물이 나는 취중의 공명통 속 너는 내 가족이 아니다. 먼 곳을 떠도는 발이 뜬 예쁜 각시혼이 휘리릭 귓속에 혀를 집어넣는 밤. 너의 이름을 혼잣말로 불러보면 너는 처녀가 되어 나의 입술로 들어온다. 재잘거리는 투명한 피를 헌혈하는 너는 괴롭고 만져지지 않는 현물, 쫓아내지 못하는 퀭한 새벽의 청회색을 닮아가는 나는 총각이 싫다. 너의 이불이 되어 감아쥔 몸과 나란히 눈을 지우고 싶다. 도리질치며 바쁘게 기억을 쫓아내느라 한낮은 감동 없이 닳아진다. 가족이 되고 싶어 안달하는 투기적 그리움은 출항할 수 없다. 누나를 각시라는 이름으로 내 인명사전에 끼워 넣고 왼쪽 가슴에 박음질해본다. 누나의 가족이 심장을 향해 겨냥하는 혀를 내밀지만, 나는 심장이 없어 소리 내어 웃지 않는다. 누나는 나를 호명하지만 내가 듣고 싶은 건 내 이름이 아니다.

이앓이*

나는 살아남았기에 당신의 이름을 마음껏 부르는 밤은 차갑다 고독의 계절 앞에서 울어버려, 먼저 건넌 죽음의 드림은 극락인가 새똥은 아침마다 내 붉은 다리에 정액을 싸고, 훌쩍이던 내 눈도 둥둥 떠 있다 당신의 이름을 함부로 부르지 말라고 나를 가두어 놓고 멀리도 가버렸다 멀리서 빛으로 밝은 홍등은 내 몸의 퀭한 잠을 훔치고 다시 불러내는 밤, 그러기에 나는 아직도 당신 손안에 있는 셈

셈을 못했기에 당신의 이름만 부르는 밤은 따뜻해서 외롭다 가까이에 와서 울어버려, 당신의 복제품, 유사품들로 넘쳐나는 사이키 거리라고 마담들은 내 이름을 둥둥 띄웠다 거리는 꼬리에 꼬리를 내민 집과 길뿐이라던 당신은 나를 가두어 꼬리 무는 법만 가르쳐주었다 현생을 버린 당신은 어느 내생에서 돌아와 꼬리를 뗀 별을 주워 장식을 달아 주실 건가

골똘히 생각하는 달고양이처럼 눈은 월식으로 가늘어지고 내 가뿐한 몸의 검은 유두처럼 읍소하는 이가 빠지는 꿈은 변검의 별로 살아남았기에 당신의 이름이 차갑다

* '내시 이 앓는 소리'의 준말, 내시는 거세를 했기에 가늘어진 목청으로 맥없이 지루하게 흥얼거린다.

가리다 Eclipse

아이를 지운 날 큰형 집의 돌상을 치우며 쭈그려 설거지하던, **시크릿**

만삭인 내 앞에 옛 애인을 데리고 왔을 때 끓이던 커피 한 잔, **시크릿**

여자가 생겼다는 너에게 문자마저 보낼 수 없던 블로우잡 애인, **시크릿**

어머니 잃고 우는 당신 옆에서 우는 여자를 훔쳐보며 흘린, **시크릿**

추카 추카 추카 관계 따위에 숨어야 하는 불콰한 그림자 신부, **시크릿**

너와 한몸이던 양수 속에서 슬픈 주혼, **시크릿**

너를 부르지 못하는 링거 속에서 죽어나간 우리 아가의 몽정, **시크릿**

배를 타고 태어나던 집에서, **시크릿**

사람과 사람 지나 개와 고양이 지나 새와 나비 지나 먼지와 아무것도 아닌 허공이 마르고 닳도록, **시크릿**

틱

틱은 일곱 살로 멈춰버린 화성 소년, 냉정과 열정 사이의 붉은 애정을 찾지 못하는 그러니까 잡초와 장미도 구별 못 했다. 매일매일 속 타는 사람들의 문자를 무의미하게 무시하는 것을 의미라고 생각하는 틱, 불규칙하게 뛰는 심장 소리는 오해가 없다는 거, 더듬다가 겨우 내뱉는 단답형 단어와 헛기침을 내는 것이 감정의 고밀도였지. 틱에게 허튼 고백은 참 경솔한 예의였지, 고백을 받으려는 온갖 아양마저 쓸데없는 예의였지. 틱의 에로틱은 말로 설명하긴 곤란한 판타스틱이지만 어른아이들은 피곤해서 모두 받아 줄 수 없었지. 개와 고양이에게 해독하길 바라며 콧바람으로 킁킁대기도 했지. 그래서 어른이나 아이들은 행복해 보여, 조금씩 행복에 맞춰져 틱의 무의미한 의미의 말들이 반복되는 시간을 피해 다녔다. 틱은 사랑해라고 말하면 갸웃거렸고 형태소로 분해해야만 깨닫는 나쁜 버릇이 있었다. 그래서 아직 사랑한다는 회신이 돌아오지 않는 건지, 화성에서는 거울을 보듯 거꾸로 내가 편지를 써야 하는 건지, 자꾸 잊지 않게 애정을 가슴에 박음질해줘야 하는지, 몸을 부대끼며 만지며 놀아줘야 하는지, 당신네 별은 지침서 한 장 명시하지도 않아 직접 들여다봐야 하는 마음과 마음만 길고 끈질기게 가져야 하는지. 나의 가설은 틱에 대한 무관심이 사랑 법. 속이 까맣게 타서 숯덩이가 된 덩덕새머리 여자가 되어야 틱을 살리는 것.
지구에서 최소한 틱을 사랑하고 싶다면, 나에 대해 묻지 말 것.

코난, 코난, 여덟 살의, 젠장

고등학교 때 친구는 하얀통통이 큰키반곱슬커트머리였지, 조용하긴 한데 한번 여는 입은 불시착 언어로 대략난감 주위싸늘이었지, 그닥 존재감은 없었나? 딱히 친해야 할 충분조건이 3차원 안에서는 존재하지 않았어, 지금 생각해보면 같은 반인가? 옆 반인가? 딱히 생각하고 싶지도 않았어, 체육시간에 갑자기 쓰러져 손발을 바퀴벌레자세로 떨었던 거? 가끔 심장이 없어졌다고 두려워했던 거? 학교를 며칠씩 결석하고는 집을 동굴처럼 사용해서 벽에다 똥칠한다는 소문만 무성한, 딱히 둥근뿔테안경속작은눈 빼고는 내 취향이 아니었어,

SSRI*, 벤조다이아제핀, 알 수 없는 약을 도시락 옆에다 나란히 올려놓고 식물성처럼 조는 그 애가 미쳐갈 즈음, 우리도 입시 롤러코스트에서 미쳐갔…… 차라리, 아픈 게……, 탈출구를 향해 고등학교 때 나나…… 너나……, 모두 똥줄 나게 피똥 싸며 낙타구멍으로 쏠린 작은 눈알들,

별별아파트에는 심슨 엄마와 호러공주 세 딸이 아침저녁으로 시계추처럼 정확한 시간에 나와 붙어 다녔지, 포만한둥근배 트윙클트윙클목걸이 사이키빛나는원색천물결 엉거주춤걸음 호러

의 주인공들은 패션쇼장 가는 행렬(딱히, 삼류 다방씬을 할 만한 장소가 찾기 어려운 지금), 커버린 콘텍트렌즈 속 작은 눈동자, 아는 척할 수 없어 피해 다니는 앞집의 나를, 모르길 바래,

친구는 집 밖에 나가는 걸 싫어하는 음음 흉흉, 가만 기대면 심장은 빨라 빨라, 내 손을 잡으면 강물 같이 부끄러운 땀, 친구를 술담배커피라 내가 부르지, 내가 자는 밤에도 보초병처럼 뜬 눈으로 새우고 있을, 친구와 만나려면 아무 때나 밥을 먹어줘야 해, 성난 나는 항상 비상식량을 싸들고 다니지, 한 박자 느린 호흡으로 대답하는 건 절대 늘보라서가 아니야, 신중하기 때문이라고, 어두운 거리는 밀착취재가 좋아 좋아, 핸들에 손을 떼고 달리는 나에게, 문을 열어두고 자는 나에게, 버럭, 탐정의 추리로 안전을 생각해주는 건 너밖에 없지, 너무도 사랑해서, APTX4869**를 함께 먹은 내 친구의 둥근뿔테안경속작은눈은, 내가 모른 척 해주길 바래,

* SSRI(specific-serotonin reuptake inhibitor): 항우울제, 공황장애 치료제
** APTX4869: 검은 조직들에게서 벗어나기 위해 먹었는데 어른아이라니!

쿠거족

송곳니의 당신이 벽을 찢고 걸어 나올 때
사각이는 모래시계 속에서 눈 감고 사과를 깨물 때
쇼핑몰에서 이것저것 뻔뻔한 거울 앞에서 들뜰 때
밤거리에서 잃어버린 연인의 이름을 조각모음할 때
커진 야광동공을 발견한 당신의 군침, 너무나 많은 화젯거리
군요

철새들이 북상하는 당신의 그곳으로 헤매는 비행기 속의 나
천착하는 밤의 손그림자를 만들며 줄을 잇는 당신 속의 나
당신을 먹은 필요 이상의 젊음으로 숨고 싶은 모래산 속의 나
속없이 푸르러 넘치는 명랑은 팜파탈의 시장기
너무나 빠른 데이트군요 가시 바른 비릿한 빙하기의 당신
대신 천천히, 천천히, 동공이 가늘어지는군요 연하의 당신은요

아이어른

아이를 지우고 온 다음 날, 아버지의 아내를 바라본다 그녀는 폐경을 맞아 더욱 홀쭉해진 배를 하고 있다 세컨드처럼 자궁 속을 탐하는 아버지를 어떻게 불러야 할까 나는 빈 배를 쓰다듬으며 아버지를 생각한다 두 개의 심장이 뛰던 몸속의 우물을 둥글게 손으로 가늠하던 나는 교복을 벗지 못했다 그녀의 멍투성이 달마시안 무늬가 죄수복인 것처럼, 아버지가 좋은가요 그녀는 홀쭉해진 배의 튼살도 사라진 지 오래, 마취가 잘라놓은 기억 속에서 아버지는 악착같이 살아남았다 나의 아이를 뭐라고 부르실 건가요 이미 사라진 아이를 붙잡고 우리의 관계를 묻고 싶은 아버지 속의 그녀는 싸워야 할 관계, 하지만 우리는 아버지를 만나기 전엔 두 개의 심장이었던 한몸

결혼식 가는 길

잠수함을 타고 깊이 숨고 싶은 바다
결혼이라는 말은 뭍에 있는 신기루 같아
멀미한다 비행기도 연착한 밤
인어 떼라도 쫓고 싶지만

는개 낀 하늘은 숨길 수 없는 날개를 뭍 쪽으로 기울인다
쇄골 언저리에 보석으로 장식한 면사포 속의 얼굴을 보여준다
스튜어디스는 흑백사진의 어머니처럼 웃기만 한다
신부가 없는 결혼은 결혼이 아닌가요
내가 헝클어진 눈물을 흘리자 어머니는 웃음을 거두고
차갑게 나를 안는다 어둠이 펼쳐진 창공은 멈칫
노래를 부르던 지느러미를 자른다

바닷속으로 헤엄친 인어 떼의 물거품이 뭍으로 몰려올 때
비행기는 식장 근처 활주로에 미끄러진다
조금만 더 기다리면
내가 면사포를 쓰고 목 언저리에 예물보석을 두를 텐데

오늘은 나의 결혼

저기 내 인생을 거꾸로 돌리려는 사뿐한 걸음
하얀 웨딩드레스의 신부가 두 다리로 걸어온다

오늘 밤이 지나면 나는 신부가 아니다
결혼이란 입덧이 끝나면
남편으로 살아야 하는 나는

안녕, 우주베키스탄

삼촌들이 사는 섬으로 열여덟에 흘러 왔어요
오렌지 동산에서 놀고 있을 때 이리저리 나를 찾는 삼촌들 얼굴
CCTV를 피해 달아나는 이모는 스물?
스물다섯이란다
더 어려 보여요

한국말도 잘하네, *4년 동안 배웠어요*
예의도 바르네, *소고기가 있어요 저기 좀 보세요*
닭가슴살은 지긋지긋해요, 겐조향이구나

삼촌과 이모라고 하면 금방 친해지는 섬으로 왔어요. 젖을 빨면 고향에서 배고픈 빈 젖을 빨고 있을 동생들이 생각나요 아침마다 해변에서 동전을 줍던 친구들과 엄마가 생각나요 오렌지 언덕으로 휴가를 함께 온 삼촌들, 영업테이블 아래서 소고기를 굽네요 아버지가 되지 못하는 타향에서 나는 배를 타고 삼촌들과 이모들만 사는 섬에서 젖을 빨아요 매의 눈이 자고 있는 아침이면 한 줌 동전을 몰래 바다에 던지고 오던 길이죠 이모는 무엇을 던졌나요

너무 멀어 hill, 너무 높아 heel, 나는 너에게 heal
오렌지 동산에서 놀고 있을 때 이리저리 나를 보는 까만 눈
타지키스탄 메마른 북서방향에서 증발된 물로 흘러와 빼앗긴 사랑
우리 너무 멀리 와버렸나 봐

목구멍 깊숙이 Inside Deep Throat*

1. 촘**

여기서 형은 늠름한 어깨를 펴고 부드러운 휴식을 취하는 중입니다 계급장을 달고 시작하면 안 돼요 꽃과 나비를 생각하며 눈 감으세요 울고 있는 형이 고해하듯 짧은 스타카토로 대답하면 여기서 형은 아버지인가요 책임지는 뒷문장을 수습하기 위해 화려해지면 안 되는 후회, 거위처럼 형은 아내가 아니에요 암컷처럼 사랑 없는 문장으로 고이, 고이 나를 간직하지 마요 짝처럼 환희의 찬가를 부르며 형은 왔지만 나는 어머니인가요 단 한 번도 사랑을 말하지 않는 형, 눈 감으세요 울고 싶은 여기서 서로 눈물 한방에 쓰러져 꽃과 나비로 태어난다면 우리는 형제예요 내 아버지는 누구인가요

2. 균

사회적으로 유용한 바이러스만 제조하는 누나, 아무 곳에도 없고 아무것도 없는 여기서 블랙홀을 연마했다면 축하해요 다음, 개 한 마리 살고 있다는 소문 따위를 지우고 싶다면 다혈질의 여기서 잔고장은 감수하세요 다음향수, 따뜻하게 체온을 유

지하면 이 세계는 무법천지예요 여기서 바이러스는 당신에게서 복사한 것들, 눈치챘군요 왜 자꾸 여기서 내게 유용하지만 쓸모없는 당신을 퍼트리십니까 다음항수통과, 친족을 위해 거꾸로 통과시키는 끈끈한 부양가족들이 퉤퉤 유기되고 있군요 내 아이는 어디 있나요

3. 쇠

예수 믿고 천국 갈래? 오빠 믿고 홍콩 갈래? 여기서도 이런 문자를 받다니
오케이, 예수는 유명하고 천국은 멀리 있으니 지도에 있는 홍콩으로 곁에 있는 오빠가 오케이예요 귀찮으니까 빠른 티켓을 끊고, 열 받으면 펑 터지는 가스와 열기구를 타고 불꽃놀이를 즐기는 나는 자라지 않는 동생이에요 우주로 날아가는 로켓 속에 외계인을 상상하는 나는, 아직 펑 터지는 가슴이 없어요 메탈교정에 끼인 오빠랑 홍콩 갈래요, 여기서 내가 여자 맞죠

* 제목에서 느껴지는 그대로 영화사상 최초로 극장 상영된 상업용 포르노 영화(1972년).
** 제레드 다이아몬드의 책 《Gun, Germs, and Steel》.

말할 수 있는 애인

1. 장국영

초콜릿을 먹으며 패왕별희의 주인공처럼 화장품을 나눠 바르던 어린 왕자는 남자의 몸으로 태어났다 나보다 더 섬세한 손끝으로 만드는 요리와 문장에 부르르 떨었다 노래마다 교성의 애드립을 연마하고 털이 없는 미끈한 몸을 만들고는 지구로 날아가 버렸다 'To you' 라고 한동안 내 일기장은 어린왕자를 향한 비밀 교신으로 채웠지만 나는 표범처럼 늑대처럼 돋는 가시를 깎으며 먹이를 지구로 택배배송했다 옥상 난간에서 별을 바라봐야지 땅으로 떨어지면 안 돼! 나의 바람으로 우울을 뒤집은 그는 여덟 행성의 동성과 구미호, 꽃뱀, 짝퉁 장미들의 유혹에서 벗어나 무사히 돌아왔다 여전히 초콜릿을 먹으며 얼굴에 마스크 팩을 하고 패왕별희를 흉내 내지만 그 앞에만 서면 나는 온몸이 털로 덮인 육식 장미가 되어버렸다

2. 탐 쿠르즈

그의 얄팍한 구라의 보랏빛 보라는 내 분홍을 밀쳐내며 경련을 일으켰다 새벽 4시가 되면 미션임파서블의 임무수행자처럼

나를 불러들이는 홀아비조새처럼 동네방네 돌아다닌다 동네방네에서 수집한 정보로 지도를 그리고 설동설의 네트워크를 구축하는 그를 삼춘이라 불렀다 그는 늘 바빠서 내가 여자라는 사실도 까맣게 잊고 쿠사리도 좀 했다 동네 건달처럼 껄렁하고 마른 몸매에 티셔츠 하나, 일 년 내내 바람머리 휘날리며 이 벽 저 벽 남의 돌담에 잘도 걸터앉았다 대충의 노래실력을 가졌지만 꿋꿋이 노래방접대 가능, 립씽크가 가능했다 늘 가정 복귀가 1순위여서 더 자유인 같은 그는 늘 바쁜 미션만 쫓아다니는 홀아비 같아 가까이 하기엔 너무 바쁜, 미션임파서블의 시그널음악처럼 문어발이 익숙한, 너무 친척 같은 당신이었다

3. 슈렉

배가 나오고 털은 많지만 머리카락은 별로 없다 매력은 쫑긋한 두 귀로 내 말을 잘 들어 주는 것인데 문제는 입이 변기통처럼 오물을 참지 못하고 독설을 뱉었다 술만 아니면 좀 괜찮았다 그의 집은 청소하기 귀찮아 세 들어 사는 벌레들로 북적였다 빽하면 잘 다니던 직장 때려치우고, 집을 동굴로 위장해서 책을 읽었다 내가 좀 잔소리하면 나보고 나가라고 소리도 질러, 5년

공든 탑이 무너질 때가 많았다 길들여도 삑사리 나는 그의 혀만 스캔 떠서 콜라주하면 좀 나을까? 뚫어지게 바라보아도 견적이 안 나왔다 부조화를 예술로 승화시켜 그를 흡혈귀처럼 만들고 위장한 시를 썼다 가끔 그가 흘린 오물을 황금덩어리로 바꾸어 시를 쓰면 신나서 입이 찢어지던 못 말리는 괴물이었다

생과부 표류기

#2 2012.8.27. pm 11:53 제15호 태풍 볼라벤과 전투

a는 무릎연골 수술한다며 정형외과에서 이 밤 홀로 보내다니,
b와 c는 엉켜서 자느라 코를 고네
태풍은 점점 거칠게 문고리를 잡고 흔드네
어마! 에어컨 배관을 타고 들어오는 가늘고 긴 숨,
숨구멍 틈새로 물, 내게 강 같은 빗물
벽지가 입막음 견디다 못해 멍얼룩 천지였구나
비밀은 그림자얼룩
밤새 혼자 입단속 시키느라 내 눈두덩도 다크서클이라네
애인, 차마 부르지 못할 비밀을 가졌어라
남자 셋은 모두 그림자남편
홀로 한판하며 지킨다. 내 애인아,
걸레를 짜고 물 퍼내도 애인은 내게 강 같은 눈물

유리 가면

1. 피오나(0~10대)

그녀가 학교를 파하고 돌아오는 오빠들 행렬을 구경하던 겨울, 옷을 다 벗고 앉아 '주목받는' 인생을 시작한 것은 다섯 살 때부터였다 여섯과 일곱은 귤을 실은 덤프트럭 밑에 깔린 덕분에 도시의 침대에서 칼라 티브이를 보며 삼 식을 먹는 호의호식을 누렸다 지지리 궁상의 가난에서 일찍 벗어난 환경에서 링거와 약복용을 꿋꿋이 견뎠다 크리스마스거리행렬의 신문명을 보고 돌아와 초등학교 생활을 춤꾼, 노래꾼으로 보냈다 무대는 예배당, 경로당, 마을 회관, 학교 학예회 어디든 순회했고 덕분에 고향에선 궁둥이 잘 흔드는 년으로 오랫동안 환영받았다 사실, 통 깁스를 했어도 수습된 다리뼈는 공룡과 같아서 맨손으로 지네 잡기, 총싸움, 고무줄 끊고 도망가는 악당들 물리치기, 야밤에 동네 싸돌아다니기가 주특기였다 중학교 때는 오토바이를 타고 다녔으나 모든 남자가 운전을 잘할 거라는 믿음은 뒷좌석에 태우며 버렸다 그때를 기억하는 대머리 배불뚝이 동네 슈렉들은 아직도 그녀를 불알이라 불렀다 고등학교를 도시의 명문여고로 갈 수 있었던 것은 순전히 촌동네의 끝없는 농사 덕분이었다 '주목받는' 인생은 싹수가 노란 떡잎이었다

2. 안젤리나 졸리(20~30대)

화학적으로 분해하는 자세로 본다면 그녀의 몸은 고체, 생각은 기체, 행동은 액체의 64차원 외계에서 온 흑장미파 여두목이었다 술집에서 보면 마담인가? 학교에 가면 선생님인가? 마트를 가면 사장님인가? 지도를 들여다보면 영락없는 셜록홈즈이었다 팔색조의 농염한 조명과 화장발을 적절히 이용했고 적토마의 발굽을 항상 예열하고 있었다 그녀를 이 년 이상 알게 되면 밤장미의 가시 끝을 어렴풋이 알고 슬슬 긴장하게 되지만 악당들도 그녀를 십 년 지나 이십 년을 알게 되면 가시에 찔린 표식을 서로 꺼내 보이며 팬클럽을 결성한 행동대원들이 되어주었다 그녀에게 위장된 처녀, 숫총각, 순진무구, 허풍, 구라는 통하지 않았다 금단의 유적지와 해외를 종횡무진으로 무당, 신부, 장로, 심지어 도깨비, 망령까지 포섭한 터라 '3초면 돼' 의 친화력으로 까부셔 버렸다 그녀의 영역 중의 하나인 글쓰기 대원들은 아직도 그녀를 피오나, B612호 어린 왕자 장미라는 전설을 말하지만 사실 그녀가 주던 신기한 물품과 모험담을 떠들고 다녔다 끝에는 믿거나 말거나, 였다

3. 임청하(40~50대)

목단파 붉은 교주는 눈화장이 특수분장 같았다 긴 생머리 긴 드레스를 즐겨 입어 드레스 심이었다 거기다가 음주가무가 특출했고 애들은 다 출가했으므로 모성애의 캐릭터에 쏟을 시간을 작업에 쏟았다 조직의 고독한 보스 자리를 진작 버려야 했지만 번번이 후임들은 백발마녀처럼 동방불패처럼 그녀의 실적과 카리스마 넘치는 눈화장, 논리로 무장한 독설을 구사한 제국을 만들 수 없었다 장국영과 이연걸은 아직까지 그녀가 사랑스런 푼수 연인쯤으로 알아서 다행이지만 그녀의 손가락에서 튕겨진 물방울과 독바늘에 찔려 버린 드라큘라들은 감각을 상실한 채 입을 다물고 있다 그녀는 날카로운 송곳니와 줄지 않는 수명으로 악당들과 남의 피를 빠는 입술을 모두 실로 꿰매 버렸다 여자와 남자 여장남자 남장여자 애어른 어른아이, 그녀 주변은 상사병을 앓는 소리로 넘쳐서 패닉상태가 되기도 했다

4. 오드리햅번(60~?)

노란 해바라기처럼 웃는 모습이 예쁜 할머니가 살았다 절대

싸우거나 소리 지르지 않는 어른이었다 젊었을 때는 파워 명문장 작가로 인기몰이를 했다는 신문기사와는 딴판으로 밍밍한 옷을 입고 정원을 가꾸거나 산책을 즐겼다 동네 맞벌이 이주 노동자들의 아이들에게 책을 읽어주려고 무료 도서관을 세우고 가난한 작가들을 위해 창작실을 운영하지만 할머니는 늘 해바라기처럼 웃기만 하셨다 누군가에게 하나를 베풀면 열 배의 보답을 받는다며 받은 선물들을 구호물자로 보내기가 바쁘셨다 화려한 청춘보다 더 환한 할머니는 상처가 많아 사는 게 풍부해진 나의 후광이 되어 주셨다

Family Mart

- Jung Jo's dreams come to me

No.3 추사

추사의 화첩 속에 지인들의 말이 취한 사계절을 봅시다
소주 한 병을 함께 할 수 없어도 독설 한 병씩은 나눠 마신 말들은 한결같이 정신을 외쳐댔지, 구호는 매사 불만족 불친절하게 세상을 바라보자
그의 눈은 안경 속에서도 뾰족하고 막힌 손금은 집요했다 싸움으로 끝나는 완결판의 지인들도 알고 보면 나는 새, 새똥을 기어이 맞아야 술판이 끝났지만 그의 붓끝은 여리디여렸다
그의 말과 반대로 달리는 글발, 심심한 간이 밴 나물비빔밥처럼 말갈퀴를 쓸어주었다면 화첩 속은 색연필로 그린 그림 한 점 남았을 텐데
그의 외뿔에 받힌 소나무 한 그루, 내 편으로 만드는 데 8년이 걸렸다 초대받지 않아도 슬슬 기웃거리는 저 뻔뻔, 당연히 당신이 술을 사게, 말하는 저 위풍당당, 제 글이 최고라고 밀어붙히는 저 독선, 필사를 필사적으로 해대는 저 배짱, 제 것으로 발효시키는 저 표백

그를 꼬시는 데는 다산 기법이 최고였다

No.2 다산

나보다 어린 그는 말을 아꼈다 문자도 아끼고 용돈도 아끼고 잠도 아꼈다 다 팽개치고 나만 아껴주면 좋을 것을 닥치는 대로 아꼈다 글과 사람도 차고 넘치게, 그중에 나도 껴있었으므로 조금 슬펐다

그는 막걸리 한잔이면 취해서 잘만 하면 입이 풀려 인간답게 다 고백했다 가끔 정교한 글보다 방치한 그의 말이 소설 같고 시 같아서 몰래 적어봤다 들키면 저 순한 인품이 버럭 천둥소리를 낼 것 같아 그의 말들은 머리맡 낙서장에 아직 묶여있다

신학문을 내게 가르쳐 주고 밤낮을 바꾸고 남녀를 뒤집어 내 손을 잡았다 커피를 주식 삼아 게임설계로 생각을 정리하는 그의 검소한 단칸방에 라바처럼 달라붙어 자고 있어도 발길 한번 안 차는 그가 좋았다 더 좋은 것은 오독에 오독을 더해 멋진 비평으로 채워 주는 고전학문이다 함께 화성탐사를 계획할 때면 확장하는 그의 상상력, 내가 그만 빠져버린 후배위 같은 그의 수타 실력이 내 삶으로 들어와 풍요로운 언어를 낳게 한 다산이다 이봐, 다 끊고 나에게만 말해보게* 방목한 너의 말들은 훨씬

안정될 거야

그에게 가면 나는 연암이 된다

No.1 연암

어디로 가서 한 구멍을 파고 있을까 한 여자 한 직장 한 마음만 판다는 그는 사실, 술 한 잔도 못 마시는 순수 촌놈 혈통이었다 꼬실 방법이 없던 나는 술을 마시자고 해놓고 몰래 맥주에 양주를 타고 막걸리에 소주를 탔다

한 여자 한 마음만 있어 한 구멍에 살고 있는 그에게 내가 와인과 촛불과 음악이 있어야 저녁밥을 먹는다는 한 이미지로 각인시키는 데 십 년이 걸렸다 바쁜데 또 바빠지는 그는 일을 만들며 살고, 어디로 가서 땅을 파고 땅을 들어 올리고 있을까, 마는 올 때 와인, 초 사오는 거 잊지 마, 나 없어도 집안일 해 놓고, 나 친구 만나고 있어, 딸꾹 술값 좀 가지고 와 줘

추사는 연암에게서 시작된 거라는 둥

* 휴련휴련休戀休戀.

첫남성, 먹지 마세요

죽이는 첫남성은 피하고
세 번째쯤, 남성과 새천년 사랑나무를 보러 가요
첫키스는 폭풍
첫밀당은 잔혹
첫섹스는 굴욕

첫남성을 첫사랑이라 부르지 마세요
처음은 서툴고 잔인한 나를
깎는 시작
깎는 가치
깎는 존재감
마지막 사랑이 첫남성

제품 사용서

1. 빵 굽는 타자기*

※ 자동 차단 기능이 없으므로 콘센트에 접속하면 바로 온몸이 뜨거워짐, 상대편이 조절, 차단해야 함,

1. 오일을 돌출 부분에 바름, 귀찮거나 흘러내리면 빵 전체에 골고루 발라도 됨,

2. 업소용으로 대접하고 싶으면 규격에 맞게 가장자리 선탠을 수정해주세요,(흰 살결만 고집하시는 당신)

3. 색다른 속살까지 즐기고 싶을 때, 기호에 맞게, 하지만 감춤의 미학을 잊지 말고 몸보다 작게 재료를 넣어야 나중에 구멍 밖으로 흐르지 않음, 입안에서 오묘하고 구름 위를 걷는 듯 환각을 주고 싶으면 완벽히 속이세요, 새로운 속을 자주 바꿔 실험해 봐도 좋아요,(재료가 없다고? 그건 당신 사정이지, 모두 스페셜만 기억해요, 남과 다른 스킬, 다시 찾고 싶은 묘한 매력)

4. 초록 불이 들어와야 제대로 된 것인데 다들 태운 뒤 쩝쩝, 무지 센 기운의 몸이거든요, 옆구리에서 스팀이 올라오면 손 떼세요, 믿지 못하는 유다 씨! 끝까지 도전해보시고 알아서 타이밍 조절해도 좋을 듯,

ps: 끝나면 당신이 코드를 꼭 뽑아두세요, 불나면 우린 끝장이에요.

2. 믹스, 키

마늘, 콩, 딸기, 커피 분쇄기 대신 쓰니까 좋아요. 커피는 따로 또 같이 혼합하거나 식성대로 드세요.

저는 메이커 커피 컵을 몇 개 쓰던 걸(친구들과 어쩔 수 없이 거품만남이 필요할 때) 집까지 갖고 와서 잘 씻겨요.(위생! 내가 마시던 거라도 다시 한번) 분쇄했다면 여러 체위로 채우고 가끔 보관해두세요. (동영상에서 본 것처럼) 집 밖에 나갈 때 손잡고 함께 나가도 좋아요. (재벌 친구에게 배운 경영 마케팅이여요. 응용 가능) 이제 당신도 카사노바

3. 다방언니, 미쓰 김

언니는 사용 설명서 보고 하세요, 조절은 자기 취향대로 여러 번 해봐야 해요,

언니는 늘 감정 조절이 안 돼요, 알아서 stop해주세요, 쫄면 스스로 타다 죽어요, 재탕은 맛이 없으니 한 번 쓰고 버려요, 미련 금물,

* 폴 오스터의 소설제목.

2부
Holic

당신은 악마와 커피를 마셔본 적이 있나요

간밤, 우리는 쓰레기통에 들어
너에게 퍼붓고 네가 뱉는 오물을 그대로 맞고 피하느라
가을의 풀벌레가 힘겹게 알을 낳는 걸 잊었다
너에게 조언하며 세상을 재단하는 나는 얼마나 간사한가
마음으로는 세상을 미워하고 종주먹을 들이대며
돈을 벌고 낡은 기성의 문명에 침을 뱉지 않았던가
너에게 어른들의 업적을 비난하지 말라고
권력자처럼 사람을 평가하지 말라고
너의 불만들을 거울처럼 반사하며 마음을 더럽히느라
달이 이울고 귤이 노랗게 사색이 되어
밤새도록 눈물 흘린 그림자를 무심하게 지나쳤다
쏟아버린 밤, 우리는 커피를 끓이고 마주앉아
쓰레기통을 뒤지고 있던 고양이처럼
세상의 수채화를 구겼지
사랑은 커피 한잔에도 식었다

자, 꾸, 가지 마

당신이 즐기던 커피, 담배, 자꾸라는 것들을 버리세요.
요람을 흔드는 손가락이 자극적으로 메모리되는 방을 잊으시길 애기는 구덕에서 잠들지만 라푼젤의 노래는 자장자장 새끼줄을 꼬아요. 초가지붕 위에서 덮칠 건가요. 성읍마을은 한참동안 우리를 보며 새끼를 꼬았어요.

자, 잊을 수 있겠지 당신이 안 보이면 일단 좋아, 꾸역꾸역 다른 방에서 군것질을 하다 꾸어억 꾸어억 토사물을 뱉지요. 이 맛이 아니야. 냄새, 당신의 체취는 격막으로도 차단할 수 없어요. 꾸물꾸물 손가락이 자꾸 밑에서 물을 길어내지요 아, 무리 흔들어도 요람은 조용하답니다. 당신의 냄새가 열쇠를 요란하게 흔들어야 길들인 물이 쏟아져요. 이젠 만지지 않는 가슴과 연결된 자꾸를 걸고 있는 방은 폐쇄,

라푼젤의 머리카락은 흙빛으로 변했나 봐요. 목이 쉰 자장가에 우리의 애기가 울어요. 구덕이 아닌 콘돔에서 미아가 되었어요. 자꾸 커피와 담배를 생각하면 요람이 흔들려요.

성읍의 초가에서 우리의 애기구덕을 못 본 체한 거예요. 자,

잊어버려 꾸물꾸물 내 방을 침범하던 당신의 냄새, 못 견디게 냄새가 안 빠지네요. 그래요 아직 돌려주지 못해서 미안해요, 노래는 머리카락처럼 자장자장 자꾸만 그리워지네요. 요람을 흔들던 손가락에 자, 꾸, 버리고 싶었던 나의 방으로,

Tous les jours*

일요일 밤 혼자 울고 웃는 텔레비전 앞, 열등한 저들과 당당하게 당당하게

개그의 퍼레이드에 박수를 보내면 호감을 보이는 포복절도

뒤통수를 때리고 떠난 남자도 반전의 웃음이 진정한 승부라지, 당당하게 당당하게

편견 없는 소화제, 개그에서 쏟아지는 그리움이 브라운관에 복귀하면 월요일이 시작

서사적 로맨스를 요구하지 마세요, 당신이 남긴 추억도 당당하게 당당하게

3초 안에 웃지 못하면 짐 싸는, 변덕쟁이 질투도 당당하게 당당하게

숏들의 조립으로 당신의 몽타주를 그리는 일요일 밤, 웃어도 되나요, 혼잣말의 물음표

배란 주기를 더 이상 궁금해하지 않는 달력, 알이 슬어 요절한 청춘이 지나가는 등우선도

우화처럼 우아하게, 월요일을 버린 NG의 사람에게 썼다 지우는 말, 사랑해 사랑해

* 날마다, 매일매일.

장밋빛 인생

천 개의 눈꺼풀 속에 당신의 눈동자 빛나고
천문으로 쓰인 하늘엔 악공의 별이 있다

당신과 나는 본시 자웅동체
삶이 곧 죽음이니 무엇이 두려운가

아침이 태양을 부르듯
노래가 세상을 살리듯

서녘 하늘 노을의 문양을 사멸이라 부르겠다
바닷속 신열에 떼꾼한 뿌리가 당신의 적막이라면

당신과 나는 본시 이 생과 저 생
몸이 곧 마음이니 무엇을 절망이라 부르겠는가

숨겨둔 눈동자로 세상을 밝히는 당신,
아직 열정을 뿌려도 좋으니, 사랑이여

하프타임 Half time

너를 잡았다면 어땠을까

전반전 경기의 끝은 질투와 교란 작전으로
어지자지 어지자지

어떻게 너를 보낼 수 있겠니
내 마음의 어떤 상태를 읽고 있니

후반전 경기로 페이지를 넘겨다오, 주르르르
불꽃처럼 사랑하기 위해 죽이지 못한 시간

Feel He, Stay

헤이, 나와 즐거웠잖아
6 대 4로 사랑을 밀고 당기고 있는 거
일틱한 너마저 스테이에겐 속임수잖아
필히 4를 넘겨 줘, 먼저 전화해
동성끼리 뭐가 이리 복잡한가
너는 게이가 두렵니
나는 언니가 아니야, Stay*

My Dear Feel he, hear

너의 남자탈과 나의 여자탈, 이제 지겨워, Stay
너의 뇌와 나의 가슴을 바꿀 수 있게, Stay
1초라도 숨김없이 사랑할 수 있게, 필히
지껄여도 되겠지, 너 앞에서 머무는, Feel
헤이, 5대 5는 너와 나였잖아

지금, 나는 너에게 6..7...8....9.....
Zero Feel He, 오직 나에게만 Stay

* 넬의 노래 「Stay」.

밀애파

I have nothing*

돌아와, 이제 연락을 끊고 타들어가는 식의 연애는
고전에서 찾을 거라, 가령 진부하다고 하수들이 찢어버린 우리의 꿈

등 돌려, 새로운 사랑을 애써 관계라고 끌어안지 말고
우성 인자인 카카오, 톡 톡 톡
문을 두드려요
열리길 열린 길로 달려가겠어, 감추지 않는 밀애파

쉿, 미래는 알 수 없어 비밀이지
가진 것 없지만 볼 수 있어, 너의 우주
I have nothing
무궁무진, 미래는 나만 있으면 통과
함께, 당신의 아홉 빛깔 꿈과 하나가 되면 통과

톡,톡,톡,
나를 봐, nothing nothing

오직, 당신만이 불 밝히는 우주 기둥대, 밀애파
I have nothing

* 휘트니 휴스턴의 노래 「I have nothing」.

팬옵티콘*

낮과 밤이 바뀐 이곳을 추억이라 불러보자
과거가 미래가 되는 곳에서 북일 교회 예수는
심장 탑에서 사방을 감시했지

새벽이 알람으로 찬송을 부르면 우리는 잠이 들어라
술꾼의 고함도 재우고 빗소리도 잠그고 나란히 누워
밝은 얼굴들이 세상의 빛이 되게 주위의 소란을 뒤집어야
했지

내가 우는 아침 너는 아직도 꿈속에서 키득여라
빛으로 행진하던 구름족 아이가 너를 찾아 갇힌 이곳
밤마다 빛 한쪽이 녹을 보태면
심장을 적출하는 소리가 빨라질까

밤과 낮이 바뀐 그곳을 미래라 불러보자
나는 비가 오는 한낮에도 잠을 자며 웃는 너를 보고 있어
새들의 기도문은 꿈속으로 훌쩍이며 너를 깨우고
가끔 나의 부은 눈은 잠이 드는 중이야

너의 낮에 내가 없어 나는 내려와
나의 밤은 너를 보아도 내가 태어나

새벽의 시계는 검은 우리의 손을 잡고
빈집을 기웃거리며
누워 지내는 이곳은
불빛이 꺼진 둥근 뱃속

* 벤담 설계, 공리주의 상징인 원형감옥.

버거리 BUGGERY

돌아가겠어
바바리 입은 맨몸을 감추고
늘 다른 곳에 사는 노인에게 사정했지
서지 않는 폐선의 선주처럼

너에게만 사정하는 오래된 식성
항문에 이중 비유를 넣어야 흥분하는
때론 더러움도 닮아져 가는
개성도 몰지각하게 몰염치로 밀어 넣고
모사는 위험하게 염증으로 생겨나고
밀어로 돈독해지는 군더더기 사랑이면 어때

구부슴한 더듬이로 몰입하느라 귀머거리 직장은 팽창하지
리듬이 파괴되고 체위의 교란으로 쾌감은 깊어지고 세상은 멀어진 동굴로 숨고
시는 자식이 아니라 정액이야
쏟아버린 시는 콘돔 속에서 시집을 엮고
질보다 배설이 더 좋은 학문에 기우는 용골을 가졌어

직장 안에서 몰래 괄약근을 조이는 내게
이단의 조력자들은 출혈이 심한 손가락과 도리질로
미치광이와 흘레붙은 시제를 언급했다
독도 약도 소용없는 월급 대신
낡은 선주에게 조타핸들을 빼앗아 낳은 샴쌍둥이 사주를 꼽아보는
당신들은 다 똑같아
비정상적으로 조이는 용양신의 설교 따위들
너에게 돌아가 콘돔 속 마복자를 들춰보며 보물 지도를 펼치겠어
바바리를 벗고 맨몸으로
삽입한 맨몸으로

페티시즘 Fetishism*

릴리스** 아줌마, 너무 밝힌다면 불 좀 꺼주세요

월, 화, 수요일에만 허용하고 일요일에는 절대 안 된다고 규정한 옆집의 가훈이 특이했다. 릴리스 아줌마, 태어나기는 아저씨와 똑같이 태어났는데 키도 크고 더 좋은 대학을 나와서 돈을 많이 벌었다 고스톱은 왜 항상 왼쪽부터 패를 돌리나요 부부싸움의 발달은 사소한 듯했다. 술김에 질러대는 릴리스 아줌마, 고성을 육두문자로 해석하는 어린 나를 맞벌이하던 엄마는 왜 밤마다 옆집에 맡겨놓았나요, 둔갑한 유모 아줌마, 계란을 눈자위에서 뒤집으며 끝없이 이어지는 혼잣말, 하, 혼자서도 놀 수 있는 스토리텔링을 최초로 가르쳐준 둔갑술의 가정교사, 이어지는 혼잣말은 아래서 다리만 벌리고 정해진 횟수만 받아 마시라던 개미소리인데, 나의 잠자리마다 우레처럼 따라와 몸이 쫄았다

돔나이트에서 실컷 춤추다 벗겨진 유리구두로 발각된 릴리스와 그 친구들, 불 좀 꺼주세요

재판과 아수라와 전지전능과 합작한 에덴동산에서 싸잡아 마녀가 된 최초의 친구들과 지구를 떠나버렸다 애키우고일하면

서집안일까지순종하면 처, 라고 부른단다 그 한마디를 듣자고 사과 하나 굴려 왔던가 나는 물음과 울음을 참다가 아줌마 나간 문밖에 최초로 오줌폭탄을 싸고 말았다 발기하고도 끄떡없는 나의 춤 솜씨

닥치고
닥쳐도
돌아갈 수 없는 본처
릴리스 아줌마, 불 켜도 돼요
사과를 제가 먹고 말았어요

* 이성(異性)의 몸의 일부, 옷가지, 소지품 따위에서 성적 만족을 얻는 이상 성욕의 하나.
** 아담의 본처.

방학

창 밑으로 흐르는 행인의 두 점짜리 호각, 바퀴는 떨린 다리로 함께 간다

검은 고양이가 바퀴에서 나오고, 다음 바퀴로 길을 내면 거리는 검게 그을음이 번진다. 낮에 끌어다 쓴 사채로 등이 켜지는 대학가, 먼지 낀 문을 열어둔 채 졸고 있다. 우르르 집으로 돌아가 버린 학우들, 남은 자취방들 사이로 향수를 모르고 남은 내 발자국만 야광으로 하얗게 찍으며 골목을 두 점으로 이어 본다. 딱히 낮과 밤을 나눠야 할 계획도 없이, 나는 고양이 끄트머리에서 배고픈 거리의 늘임표를 연작시처럼 불러본다

창 위로 한 뭉치 호외를 던지듯 친구를 불러보면 고향으로 가 버린 친구가 문을 열고 담뱃불을 던질 것 같은 두 학점짜리 시풍, 돌림노래는 부르르 떨고 어깨에 손을 얹어 줄 까닭 없는 검은 고양이는 바퀴에 발을 감춘다. 쓰레기를 문밖에 쌓아 놓은 술집이 새 이름표를 달고 몸을 바꾸는데 내 몸이 왜 이리 가려운가

창 밑으로 던진 불빛에 별은 묻어가고 낮이 와도 휴업인 책상, 부르르 떠는 다리가 두 점 사이의 거리를 모아 낮잠을 잔다

조화에도 향기가 있다

그러니까 짝퉁, 시대에는 향기가 있어
진짜에게 묻지 마, 따진다고 물러서지 않는 복제,
좌판에서 화려하게 컴백한 짝퉁의 궁둥이를 만져봐
여, 여봐라 눈요기하는 꼴린 지갑, 지금부터 접수 중
까이것, 나의 향기를 묻히지
나를 만진 너는 이제부터 내 것, 복제는 접수 중
진짜들은 너무 고고해, 비싸, 소심해, 희소성, 남의 것
까이것, 세상은 짝퉁이었어 너도 가짜잖아 나만 몰랐잖아
어차피 우리의 향기는 공통분모
지금 나는 변신 중, 여자로 얍! 얍! 얍!

그림자 게임

- 20세기 소년에서 21세기 소년에게

지구를 지키자 친구, 우리의 퀵백족*, 불을 끄는 거품이 서쪽 하늘로 이우는 계절이 왔네. 몸의 변성기를 건너는 겨울의 넥타이를 미리 매고 출시의 아침을 기다리고 있는 나를 어리석다고 말하지 말게, 어제의 너를 비국소성 소립자로 바꿔버렸어 배터리는 충분해 어른의 몸이 필요한 친구, 세상은 게임으로 몰락하는 종말을 데려왔어 공각기동대는 이미 은밀한 비행 중이야, 비밀기지에서 따분한 공식이나 대입하던 초미세지루함** 따윈 집어 치우자. 애증의 애인이 9시 뉴스를 독방에서 짖어대는군. 손끝으로 반납받은 너를 묘사하는 궤적은 소나기처럼 줄거리만 묻고 있네, 화성인은 이미 마야의 돌판에 N극과 S극이 바뀐 메모리를 은밀히 집어넣는 중이야. 시간이 없네, 지구의 핵이 달구어지고 있어 태양의 검은 눈동자를 가리고 있어줘. 고장 난 이어폰이 귀를 사로잡는 휴거일, 아톰이 악의 모습으로 훌륭하게 몬스터의 비밀기지를 밝혀낼 거야.

23 andMe, 노출하는 내 마음이 열리길 바랬군. 현실 왜곡장에서 너의 복음을 접속하려는 크랙베리***의 예언놀이는 우리를 홀딱 먹어 치웠군. 구명보트에 아직 테크놀로지 마법을 부리는 밀담이 연극처럼 뻔뻔하게 새로운 세상을 훙정하는 변치 않

는 존속의 날짜들이군. 13번째 금요일, 확장된 몬스터의 텍스트는 리허설만 반복하고 있군, 침을 뱉어버려. 우리의 키보드가 번거로운 정복자들과 유비쿼터스한다면 우리도 몰락뿐이야. 속절없는 애인이 9시 뉴스에서 가설과 단서만 가지고 치열하게 압도적인 승부조작을 퍼트리는군. 손끝에 행렬 중인 행성은 너를 치환하려고 링크 중이군. 화성인은 이미 지구의 자기장을 바꾼 페이스북에 위장 중이야. 시간에 꽃물을 끼얹게, 아직까지 유혹이 답이라니, 뒤틀린 소년 아톰의 탈도 이젠 민망한 남장여자로 밝혀졌네. 이제 곧 우리는 폭발, 시간이 없… 3… 2… 1…, 애정을 흉내 낸 뻔뻔지루한 야설이 게임으로 이우는 계절에 어른의 모습으로 만나… 1… 2… 3 해피, 해피 버스테이 투 유.

* quick-back: 빠른 회신을 기다리는 성향, 바로 답이 없으면 전화로 채근하는 세대.
** '1초도 참을 수 없는' 현대인의 조급함.
*** 마약의 일종인 크랙 + 스마트폰인 블랙베리=강한 중독성

말 달리자*

너와 함께 벗고 달리던 어린애가 되던 말, 기억해 줘
너를 무한히 사랑하고 싶어 어른의 가면을 벗어버려
우리가 방목한 말, 토닥이며 재우던 말, 줄임표의 말,
너도 좋아한 말인 줄 알았는데

안개가 낀 새벽초원을 헤매던 날, 서로의 말이 되어 위로하기로 했잖아
너는 멀리 떠나도 나만 이곳에 남아있어도, 기억해 줘
너와 뜯던 풀잎이슬기타줄, 너와 취하던 달밤랩퍼오줌발, 너와 쓰던 오독재독패러디까발린시
나만 이곳에 남아 세한도처럼 풀이 꺾여 되새김질하고 있어
너도 좋아한 줄 알았는데

몽골을 잊지 못한 계란의 북방계에서 왔다 했지? 줄임말이 많은 너
무한볼트로 너에게 타버리는 남방계에서 왔어, 귀만 방에 가둔 지껄임 많은 나

문자도 보낼 수 없는 말, 대답 없는 거짓말, 용암이 되어 구멍 숭숭 가슴뼈에서 빠져나간 말

다시 너와 어린애가 되어 살고 싶어

말들이 써놓은 시, 우리만의 말 축제

허공에서 쏟아지는 말, 보고 싶어 밉다는 말

벗어던진 어른들의 저 푸른 초원 위에 그림 같은 집을 짓고……말

나만 좋아한 줄 알았는데

* 크라잉 넛의 노래 「말 달리자」.

오늘의 운세

내가 만든 약을 먹고 시작하는 운세,
그 운행에 맞춰 우주를 열어 별을 관측하고
내 몸속으로 쏟아지는 빛을 담아 사람을
들여다본다 너무 깊숙이 보는 날엔
내 몸 밖으로 별똥이 쏟아져 너를
잡기도 하고, 너를 울린다
요령소리 퍼지면 별 하나 새로
생기고, 별 하나 다시 지는 밤
우주를 닫고 별 점 치듯 하루치 운명들을
바람에 털어 말린다
오늘도 별 탈 없이 천상열차를 타고 육십갑자를 돌고 온 궤적
재가 된 소리가 곪아 터지는 별들은 다행히 줄지 않고
정리가 잘 된 밤하늘, 서랍장

그때나 이때나

소나기가 긁어주는 등에 누워 유령신랑이 남긴 담배를 핀다
용돈 타 쓰면서 제일 먼저 한 달 치 담배를 장롱에 재우던 지지리 궁상
못다 핀 담배구름 녹물처럼 무덤 위로 피어나면
여우비로 따라 온 올레 밖 꽃무늬 치마들
허대대한 양귀비가 부셔, 부셔
등짝 한 대 후려치고 일어서니
해 한쪽, 눈 감은 낮달
망원경 자국의 개인 하늘
뒤돌아 헛기침하는, 네 놈도 받아라
할퀸 손톱자국 따라 제트기 날아간다

열대우림 락커

자동재생처럼 돌고 도는 한 해,
삑사리 좀 나자
라이브로 부르는 우리가 바로 노래이지
사람 냄새가 그리워 헝클어지면 좀 어때
맨 얼굴이면 늙어 보이나
로봇인형은 내 주위에도 많아
화장 대신 눈곱 낀 네가 탈출구인 것처럼
가리지 좀 말자

자동버튼 한 번으로 반듯한 노래가 한 세계,
구린내 좀 나자
피고 지는 꽃보다 조화가 아름답다고 반복하네
반복하는 인공향수가 단어장을 바꾸네
내가 피운 꽃은 오늘도 삐딱하게 서 있지
지구를 지키는 너의 가시만
삐따기

압전 소자

딱따구리의 부리는 부러지지도 않아
군인의 군화 밑바닥에서 일으키는 에너지는 과열
농구장 바닥을 운동화와 공이 쿵, 쿵, 쿵 이러다 지구의 판이 깨지지
에너지 부족 문제를 해결할 수 있다면
구럼비의 굴삭기 소리를 타고 말들아 뛰어내려
슈팅스타가 네 입속을 타전, 내 뒷물을 캐내는 네 손가락이 타전
내 심장으로 파장=진동=전율=떨림
조금씩 기후를 바꾸는 우리의 변성기
세상은 미립자의 투쟁으로 치환 중
전의되는 뇌파로 텔레파시를 보내는 지금
너도 아프지?
아파야 해
심장에서 뇌로 보내는 구애가 북상 중,
너에게 가고 싶다는 말, 빛의 속도로 사춘기경보 발효 중

쿵, 쿵, 쿵 너를 뒤집어
삐딱삐딱=까딱까딱=끄떡끄떡
나에게로 남하 중

너는 나의 봄이다*

뼈만 남긴 봄으로 환속한 뱀의 허물이 다시 조명을 켰어. 함께 굴리던 바퀴를 타고 학교로 가버린 너의 트랙을 불러 볼까, 산거머리의 직계에 배부른 은신이라고 너의 자라지 않는 턱수염을 그렇게 부르겠어. 너의 거꾸로 뻗은 교정의 메타세쿼이아가 잎 없는 잎맥으로 한 움큼씩 이별을 어둠에 쓰고 있을 때, 너와 나는 이 별의 암시를 읽은 거야. 서로에게 들키고 싶지 않은 징후를 오래도록 바라보며 젖는 이교도의 많은 눈(目)과 섞여 입학식의 교정을 걸었지. 돌아선 나는 유서 한 장 없는 너의 안부만 봄눈에 묻는다, 후렴구를 불러 보자

어둠 속에 길들인 다리가 쓸고 간 아침이 오고, 아침이 굴린 바퀴가 한낮을 자전하고, 자전하는 교문 안에서 너를 어둠이 길들이고, 길들여진 너는 나를 읽고, 나를 읽은 학교의 바닥엔 훈화가 꼭짓점의 사각지대에 성적표를 붙이고, 붙여진 성적표에 가두어지고, 네가 없는 나 혼자 외바퀴를 굴리며 자전거를 타고, 타는 기다림엔 철없이 겨울비만 내리고, 트랙아 돌아라 돌아라

태양은 저녁과 아침에만 제 얼굴을 상영한다. 내 가슴을 흘끔

꿰뚫는 시간에만 말문을 여는 벙어리의 하루가 접히는 꼭짓점에 서서. 길게유유히무난하게착한 뱀의 허물을 따라 나의 나머지 시간에 머문 태양의 혀 차는 소리를 지우고 싶어, 저 늘어가는 한낮의 잔소리는 심각하게 다리를 절게 해. 성적과반성과계획과비전만 듣는 훈화가 학교의 바닥이야. 나는 이 행성을 지구라고 부른다. 은닉한 친가親家의 교가는 덜 자란 화성인으로 나의 외가를 헐뜯고 태양에게 저당 잡힌 학습근성을 볼모로 잡고 있다. 내 다리는 지구를 쓸고 닦는다. 나는 태양에 기가 죽은 외바퀴살로 유서 한 장 없는 너를 불러본다, 후렴구를 함께 불러보자

* 성시경의 노래 「너는 나의 봄이다」.

분홍을 멸하노니

분홍을 떼어내니 바람이 화르르 꽃잎 모아 쥐고

빗물을 녹여 만든 분홍 사금파리가
춤추며 날아 싸르르 불타는 바람을 부르니

고환처럼 달려 아래로 자라던 헛 공양
차라리 만삭의 아이라고 부를 걸 그랬나요
입속에서 둥글리며 입덧하던 걸신들린 봄밤
어둠 속에서도 배고픈 꽃잎은 입을 벌리고

나무가 한 뼘 자라고 흙은 붉어지네
꽃잎을 깎은 조각칼의 악몽을 견디며 초록이 외로워지네

사랑이 미혹 덩어리라니
북쪽으로 머리를 풀어도, 꿈같던 정을 살라도
혼자 건너는 폐경閉經

하늘이 꽃잎을 주었다 거두어 가는 미혹의 중턱
아이가 누울 집이 이제는 없어라

마른 눈물 모로 누운 등줄기로 보내니
바람과 한껏 추다 만 몸살이 빈집을 짓네

내게 남긴 씨앗과
잠시 사랑을 가졌던 꽃잠의 첩살이를 태워
한때 당신을 닮은 꽃이었을 분홍마저 태워도
내 것이 아닌 도둑질한 모성, 내 나이는 봄바람

3부
팔랄라 팔랄라

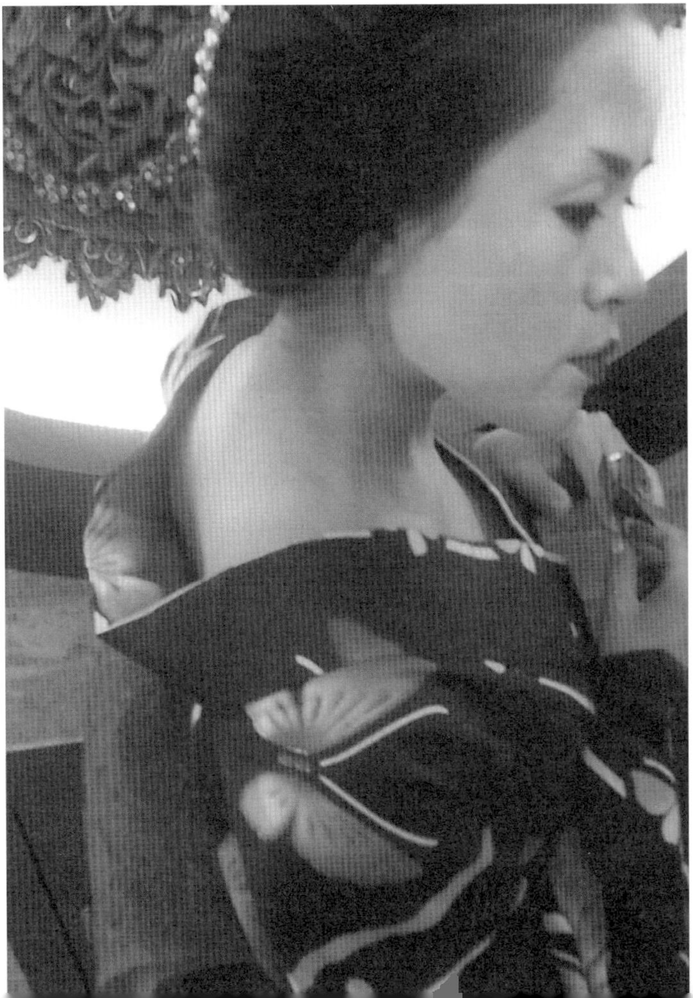

송이, 송이

날 좀 봐주렴, 꽃처럼 달빛처럼 소리 지르는 어린 왕자님, 날 좀 데려가렴. 이곳은 한 허리를 베어 누운 눈이 송이송이 내리지. 너 가고 나면 나는 어떡하라구. 긴 밤 추위를 어쩌자고 나를 훔쳤니 품었니 불씨를 놓았니, 날 좀 보소 꽃 본 듯이

봄이 오면 피는 꽃은 내가 아니야. 동지섣달 아무도 몰래 나를 어떻게 피워냈을까. 내가 아니야, 너는 꽃처럼 내 눈에 들어 미끄덩한 해를 만들어 놓았지. 불의 씨앗은 아직도 태동 중. 내가 아니야, 이미 딴 세계로 떠나고 있는 나는 이미 내가 아니야. 너는 판타지로의 안내자, 그 세계도 똑같은 현실이겠지 나는 고무줄 끝에 매달려 다시 돌아오고 말았어. 겨울밤을 견디는 나는 판타지를 보고 있어. 너는 아니야 이곳은 너의 현실이 아니야. 내 사랑도 이곳에 없는 너의 안내자가 아니야. 아직 식지 않은 불씨에서 꿈틀꿈틀 싹이 돋는데. 다시 어린 너를 낳고 싶어. 꽃 본 듯이

안녕, A

- 꽃피는 나의 집

노인들과 묶여 살던 네 번째 집에서 나올 때 이미 다섯 번째 집을 짓고 있었다. 두 집에서 치밀하게 티 내지 않는 탐구생활을 들여다보며 자습을 하다, 기울어진 다섯 번째 집에 몸을 많이 할애했다. 네 번째 집은 온통 고서들과 화첩 혹은 고택의 현판을 해득하던 추리극의 테이프가 치워지지 않은 채 쌓여 있다. 직접화법과 채록의 무분별한 기록이 나의 체온을 기다리다 잠시 외출 중인 나를 믿고 길들여진 쇼파 위에 누워있다. 익숙한 등불이 끔벅이며 새까만 나의 눈에 의리가 있으니, 줄을 묶고 달아나지 말라고 공포를 살짝 코팅한 초콜릿 도넛을 주었다. 신선들의 복숭아를 사실 좋아했던 나는 도화 나무 아래서 무위도식을 즐겼다. 겁쟁이 온실에서의 한철은 유배지처럼 혼잣말이 허용된 불법체류, 삼 년을 부끄럽게 뻔뻔한 나의 마음을 하얗게 펼쳐 널었다. 빨래가 마를 때까지만, 이런 커져버린 혹성.

탈출을 하려 다섯 번째 집을 눈여겨봤다. 탐구생활 중의 너는 아무개와 손을 잡아도 스캔들이 나지 않아. 이상하지도 않아. 명랑한 너는 누구와 포옹해도 질투가 나지 않아, 처럼 서글픈 조작 속에서 벌였던 발치 아래의 정사를 표백의 반복학습으로 이어갔다. 힐끔힐끔 뒤돌아 내가 있던 자리의 털들을 치우고 호

수와 이름이 적힌 명세서를 불태우는 인멸 위로 이사했던 불한당의 집 주소는 차곡차곡 책꽂이에 문패를 달고 시가詩家를 이루고 있다.

안녕, B

막막한 지루는 내일이 없다

말하지 못한 이사날짜를 얘기할 때 작별 키스를 해야 할까. 말끔청소를 하지 않아야 다음 사람에게 복이 있다지만 세탁만큼은 끝내주는 나의 노하우이니 내 방식대로 하련다. 새집에 대해선 말하지 않는 게 옛사랑에 대한 예우, 내 취향을 나도 영원이라고 말할 수 없다. 기억 속의 집들은 각자의 추억으로 아름답게 낡아가야 나는 새집증후군에서 벗어날 수 있다. 새 주소도 추억을 먹기 시작하면 책장 위의 선산을 살필 테지만, 지금을 견디는 나는 보일러 수리공이 오기를 기다리며 활명수를 들고 있는 시간만 생각하련다.

아무에게도 말할 수 없는 새 주소에 나는 들어앉아 별을 헤아린다. 간략한 세면도구만 들고 온 게스트 하우스처럼 이방인처럼 서먹한 웃음으로 낚싯대를 드리우고 있다. 주파수 위 떠도는 유성우의 발자국을 들여다본다. 집이 멀리서 까르르 웃으며 내게 거처를 옮기는 부산한 깜빡이 눈동자를 하고 있다 지구로 날아가 전출신고를 하는 집이 올 때까지 어린 왕자의 사막 이야기를 펼쳐 읽으리라. 낯선 천국에서 등 마사지를 받는 나에게 편지를 보내는 것을 모두에게 사양한다. 천계의 복숭아가 천 년 동안 서리를 맞아 익지 않는다는 앓은 보도를 뉴스처럼 무심히 보는 내겐 책임이 없다.

꿀, 꺽

- 아담스 애플

내 구멍 안에서 짐승처럼 울어버려. 매일 물을 방류하던 몸은 누수의 원인을 이별로 인식하고 있었다. 퇴화는 또 다른 진화라구. 이별이 있어야 새로운 안식처를 찾으려고 몸이 변한다고 했다. 한 구멍을 오래 들여다보는 일은 근친주의의 폐습입니다. 새로운 세상 위에 30분, 그 위로 또 다른 세상. 멈칫, 끊지 마요. 그만, 은 금기어입니다. 쉬었다 가면 더 에둘러 가야 하는 세계라고, 말하는 마방들은 앞섶의 찻잔에 핏빛 어린 고문을 하면서 문신을 새겼다. 말의 고삐를 놓지 않으면서 오르고 또 오르자는 재촉.

둥글리며 차마고도를 오르는, 정점을 향하는 착한 나에게 너는 내비게이션도 없이 절벽을 더듬어 거슬러 올랐지. 어쩔 수 없이 웃지만 낯선 벼랑은 위험해. 어떻게 오른단 말이냐. 너는 절벽에 천박하다는 생각을 버리세요, 를 깍듯이 새기며 나의 그늘을 들여다보았다. 그늘을 보는 네가 두려워 핫핫한 웃음을 발끝에 올려 깨진 거울의 구멍을 조였다.

차라리 이쯤에서 돌아가자, 난 원래 사랑을 안 해. 안 하는 게 아니라 모르는 거예요. 산 너머 계곡은 명징한 물이 파도치며 고인 우물이 아니라는 듯 바다라는 입간판을 달고 있다. 내가 이제껏 보았던 세계는 가짜였다. 아니다 이 모두가 거짓인 나를 또 한번 속이려 드는 허구일 거야. 발기한 벼랑은 뼈를 눌러 높고 가파른 헛잠을 불러들였다. 헷갈린 밤낮의 경계에서 튀어나온 울음의 기둥은 하단전에서 솟아오른 소금기둥, 하얀 가루가 새어나오는 걸 혀 속으로 밀어 당겼다. 울음이 되지 못한 가루, 지루증의 기둥을 잡고 기어오르는 마방들은 허공의 소리만 듣고 있었다. 울지 못하는 말울음이 동굴에 남아 메아리치는 소리는 이별을 흉내 냈다. 꺾어지는 소리가 고막까지 차올라 거울을 들여다보듯 서로를 보았다. 이별 후 아껴 부르는 노래가 목울대를 타고 오르고 또 오르자는 재촉.

딩동,

- 옆집입니까

밤마다 벽 하나의 저곳은 앓고 있습니다

취한 밤은 육식을 하고, 피를 닦으며, 노래를 부르며, 또각, 문을 열고 들어오는 중이네요.

이미 발자국 소리로 당신은 안녕? 예민한 내 귀는 당신의 정직한 규칙 탓이라구요. 우유배달원이 가고 나서 빛을 묻히고 들어온 신발이 현관에서 한참을 느리게 댄스를 추네요. 얇은 잠속으로 탱고 음악이 흐르네요.

초식의 나는 송곳니가 덧니래요 교정기가 필요한 밤입니다

필요없는 치아는 없다구요? 송곳니의 자리를 벌려주는 교정기 대신 음모를 끼워 주세요. 날카로운 내 구멍에 루프를 끼워놓던 자리싸움이 음모를 헤쳐 보면 흔적으로 남아 있다구요. 창밖의 빗소리가 수상한 눈빛으로 우리를 오래오래 훔쳐보아도 두렵지 않은 뜬눈의 거리는 입안에 낀 음모를 빼며 깔깔대던 시간만큼 빛의 속도로 사라졌어요. 여자는 흔적이 남는 걸 조심해야 한다. 오빠들과 즐기는 밤이면 주의 사항을 꼭 첨부해주셨는데. 아이는 곤란하다. 난색은 똑같은 방식으로, 조심스럽게.

어떤 날은 모로 누워 맨몸의 열을 식히는 나에게 등이 굽은 사연을 들려주곤 했잖아요. 돌아누우면 게이샤의 기둥이 되어준 당신의 손 안에 장난처럼 운명을 점쳐주며 미래를 쉽사리 유혹했지요. 당신의 주저흔을 잠시라도 만져주고 싶었던 나를 위해 살아달라고, 가령 구속을 심각하게, 계획하듯.

밤마다 벽 속으로 스미어 새로운 세계를 가자고 조르는 나의 코피를 쏟던 당신에게 미안해요. 나는 다른 남자가 있었어요. 나는 계속 살고 싶다고, 가늘게, 길게, 천박하더라도, 뻔뻔하더라도, 좋은 생을.

딩동, 옆집은 영원히 이사 중이거나, 잠시 떠났거나

늘, 따르릉

거지 같은 사랑의 뒤꿈치에 사정하듯 이 꼴리는 상황을 연애라고 해야 하나 실연이라 해야 하나. 중독 중에 제일은 사랑이라. 금식기도를 드리듯 하루가 오락가락 달뜬 맥을 짚느라 한 박자가 늦다. 얼간이처럼 피시식 바람 빠지는 소리를 내시네. 예민한 어머니, 저번처럼 자주 밤에 외출해 주세요. 일탈은 바른 생활 사감에게 필요한 약처방이라고 다들 웅성웅성대지만, 그래 나도 사랑 그놈의 목소리 때문에 미칠 지경이라구. 다들 시끄러워. 소란해진 것은 연애 중이어서일까 실연으로 이동 중인 시침소리일까 이촉 하나하나를 어루만지던 거침없는 첫 입맞춤은 사랑이란 접수증을 끊고 도망가버린 바보의 흡반. 처음밖에 모르는 몰입의 수면을 뚫지도 못하고 맴도는 걸음걸이는 핸드폰만 신주단지처럼 붙들고 있다.

애초부터 부서질 우리 사이에 사랑, 그놈의 목소리는 벨이 울리지 않아도 꼴려서 자꾸 물이 고이네. 파경 속으로 들어가야 다시 열심히 꽃잠을 잘 텐데. 소도 같은 길들임의 집에서 방울과 북을 매달아 죄인이 아닌 채로 허물을 벗어 나의 옷에 갇혀 죽는 꼴을 면할 텐데 벗지 못하면 죽는 병, 딱딱한 갑옷 대신 더 큰 갑옷을 지어 사랑, 그놈에게 줄 텐데.

아주 먼 옛날, 이라고 먼저 쓰는 것은 내가 만난 사랑에 대한 예의가 아니다. 분명 가려진 문장에서도 지친 사랑은 찾아와 자신이 벗어놓은 갑옷을 물끄러미 바라볼 테니, 환속한 랭보와 천국에서 보낸 교미의 한철을 사랑이라고 쓴다. 처방전을 들고 청진기를 받드는 내 퇴화된 허물에 따르릉,

꼴 → 깍

꼴에, 물이 오른다 몸 안 가득 물이 올라 푸르게 줄기에 차오르면 가지마다 물관이 불뚝불뚝 솟아나 더 이상 견디지 못할 테지. 봇물이 터져 분홍 꽃망울을 터뜨리고 연두를 쓰윽 칠하는 거야. 그때까지도 어린 나를 무심히 바라보는 당신, 깜짝 놀라지 마요. 여름의 절정에 복숭아의 달콤한 육즙을 사방에 퍼뜨리며 봄보다 더한 갈망의 입들을 향해 폭, 폭, 폭, 폭총을 쏘아대듯 나의 분홍 살의 첩들을 나눠 주겠어요

다음 해도 그 다음 해에도 입술 밖으로 당신의 침을 받아내고 봄부터 초조히 줄을 서며 기다리는 심장소리를 기억해 두지요 여자아이의 발그레한 꼴 같은 열매는 어김없이 맺힐 거야 내 발밑에 서성이는 당신, 당신의 시샘과 야유와 경멸을 햇살의 보드라운 단내로 바뀐 인내를 돌려 줄 차례예요

세상은 어디든 그늘과 야유, 거짓말이 무성하다는 안도감, 나에게도 예외가 아니라는 평범한 사실이 생장점에 꽂힌 살들을 뽑아낼 수 있는 힘이 되어준 뿌리만 뻗던 시간, 나도 구렁텅이와 환멸의 거울을 지니게 된 한 그루 나무가 되었어요

미몽迷夢을 벗어난 봄날, 나는 꿈에서 깨어난 물오른 나무. 나의 열매를 먹기 위해, 먹고 또 먹어도 입을 벌리는 당신의 중독은 나의 원죄가 아니에요 책임을 묻는 건 반칙이잖아요. 잇바디가 새겨진 나를 먹는 당신은, 깍쟁이

쉿,

1. 나빠

햇빛은 빛나는 정의감으로 시민의 지갑을 기부받았어. 뺏기기 싫어. 몸부림치는 당신은 아빠야. 집으로 돌아오시는 달빛에 약한 행복한 왕자님 지갑을 어디다 두고 오셨나요. 구두는 핸드폰 가게 앞 세 번째 난간에 나란히 벗고 오셨다고 울리네요. 아이들이 아침에 깨어나 아빠의 볼에 뽀뽀를 하며 두리번 지갑을 찾을 텐데. 오빠~ 놀다 가세요, 에서 맥주와 소주의 폭탄에 도대체 카드명세서에 들어앉은 암캐는 몇 자릿수로 웃고 있는 거야. 빵구난 가계부보다 뻥 뚫린 런닝구를 몇 번째 기워 입은 빈처 몰래 술김에 지른 털가죽 재킷은 누구를 줬대요? 제대로 한 방 싸기는 했나요. 제길, 줄 듯 말 듯한 꼬리에 흘레붙은 침들은 갈지자로 집밖의 계량기에 찍혀있군. 빈처의 침묵을 읽어낸 결투장이 붙은 폐가에서 정신을 차리세요. 두 손에 걸린 당신의 명줄을 조이잖아요

2. 바빠

커피향수포도주식 연애를 끝으로 보험설계와 김치찌개를 연

마하며 조강지처에 은거하여 도를 알았으니 공중부양에 분양받은 몸에 L씨는 시가의 서열과 경조사 장부를 정표로 주매 현모양처의 기운이 도는 것을, 알지만 묻어가고 싶은 것은 뱃살만이 아니었대요. L씨의 귀가시간이 늦어지자, 아이를 위한 수제 이유식을 몰래 계수대에 폐사하는 소심한 복수극을 연출했다는군요. 1박 2일의 출장의 출현을 재미있게 시청하며 3박 4일의 탈세와 투기로 재산은닉의 무한도전을 하셨고, 처가를 등진 시가의 몰아주기식 빚보증에, 비위 좋게 웃음 짓는 보톡스의 비수를 전신에 숨겼다지요. 커피향수포도주식 독고다이 각방에 들어가 백일 동안 쑥과 마늘 다이어트를 피라미드식으로 성공한 엄마는 산을 타기 시작했어요. L씨에게 아무것도 묻지 않고도 스케줄을 꿰는 신묘한 기운을 받고 돌아와 복대 속에 증권과 땅문서를 차고서 방울을 흔들고 계세요. ㅈㄲㅈㅁ, ㅈㄹㅇㅇ*. 나이스샷, 동방불패사모님으로 등극한 엄마는 영계울림으로 바쁘세요. 강남제비들이 지지배의배야, 지지배의배야 울고 있네요.

선생님, 다음에 면담해도 될까요?

* 조 까지 마, 지랄이야.

살, 살

- 디저트 먹는 밤

저는 눈에 넣어도 아프지 않은 가시예요.

살, 살해요. 입술 속에 푸른 목장을 짜 넣을 시간이에요. 느끼한 식사를 즐겨 먹었나 봐요

질기고 무료한 육질의 식단 위로 봄의 생것이 팔딱이는 건 얼마 만이죠

제가 떠나면 젊은 남자를 또 안으실 테죠

새침한 웃음이 군침 위로 도는 봄날

하지만, 바쁘단다

매일의 외식은 부담스러워, 안 먹고 하루 종일 배부른 계절에 살고 싶단다.

가끔 아주 가끔만 수액이 필요해, 가령 영양제만 맞고 사는 세상이 없을까

젊은 남자는 사치스러워, 차라리 명품 가방을 들고 다니는 게 오래 질리지 않아.

징징거리는 소리도 안 나잖아.

들고 다니며 자랑할 수 있잖아.

자랑할 수 없는 명품은 보톡스처럼 뺨 속에서만 탱탱하게 으스대는 사랑의 묘약

어린아이는 눈에 보이지 않아도 아픈 가시예요
목젖까지 여린 너를 맛본 후회는 몸속에서 제자리 뛰기를 하는 분홍주의보란다
즐거웠어, 종종 눈물에 절린 입맛이 그리울 거야
외식을 하고 돌아온 달가림에
뾰족한 아들이 연인처럼 아프게 박혀, 진동하는 살, 살

똑, 똑*

뭇입들을 지우며 술잔을 놓친 밤
얼음에 꽁꽁 언 직수의 눈에 들어온 당신에게 몽당연필마냥 하나만 닳도록 생각하는 숙맥이란 걸 들키고 싶지 않았어
누이처럼 연인이 아닌 모습으로 또 운다고, 나보다 나이도 많은 어른도 사랑 앞에선 징징댄다며 똑똑 노크하던 손으로 얼룩진 화장을 고쳐주었지

고칠 수 없는 폐허의 삶으로 짙어지는 색은 발라도 예쁘지 않아요. 모두들 검은색으로 흘러 번져요. 마스카라로 들어 올린 세상 속의 낮, 검은 유혹이 멈추지 않아요. 당신의 손가락이 뚜뚜뚜 뚜뚜 비밀키를 누르면 잠시 세상은 벼랑에 색깔을 입혀요. 능숙한 가족 속에서 흔들려요. 당신의 관록이 붙은 몸에 소유하고픈 화장을 지우며 혼자 갇힌 방에서 뚜뚜뚜 뚜뚜 지갑의 배가 불러와요. 당신은 하룻밤도 허용하지 않는 잠시지만, 사랑해요

혼자 푸는 불면증의 단추들과 내리고 싶던 지퍼들의 곡예 속에서 당신과의 밤은 행복해요
로맨스 소설처럼 찰싹, 찰싹, 가슴과 등 사이의 수평선을 더듬던 집어등의 밤 속에서

당신은 더 이상 적자이나 서자처럼 떠돌지 않아도 돼요

우리를 늑대가 키운 오누이, 라고 함부로 해석하지 말아줘요
의붓의 당신을 아버지라고 부르던 낮은 행복했어요
의붓의 아들을 당신이라 부르짖던 밤은 슬펐지만 오래 껴안고 싶어요
나의 당신들을 사랑해요.

낮과 밤의 경계엔
뚜뚜뚜 뚜뚜와 똑똑
행복 지나 슬픔으로 향하는, 날씨 변경선엔 맑음

* T의 노래 「Good Bye Sadness, Hello Happiness」를 들으며, 김별아의 《미실》을 읽던 내게 당신이 똑, 똑.

바이 바이 커플링

1.

교미를 끝내고 수컷을 잡아먹는 사마귀 판타지를 함께 본 거야. 당신을 씹어 먹는 내게 명문장을 요구하지 마세요. 동굴 속에 그려진 벽화에 사금파리처럼 반짝이는 당신의 뼛조각이 뼈대를 이룬 무척추동물로 살아요. 지나간 발자국 따라 아라베스크 무늬로 문신한 구멍을 다시 찾아오시려면 안내도 대신 체취를 기억하세요. 이미 당신의 것인 제 향기가 다른 사람에게서도 똑같이 날 거예요. 분명한 것은 마지막 사랑을 끝으로 당신을 놓아 준 거예요. 대신, 묻힌 나를 잊지 말아요

2.

빨간 깃털을 가져가신 당신과 산소 호흡기를 썼던 입술 자국 따라 길이 생겼지요. 공생관계라고 해두죠. 정액이 에너지가 되고 다시 돌려받던 관벌레의 나날. 뜨거운 몸속에서 허물 벗던 우리의 명문장을 요구하지 마세요. 심해의 400도를 오르내리던 나의 체위를 메아리로만 기억하세요. 당신이 가져간 불꽃 털은 나와 닮은 다른 사람에게도 똑같이 얻을 수 있을 거예요. 분명한 것은 인스턴트 카르마를 끊어, 당신을 놓아 준 내 입술이 지워졌다는 것. 절대 잊지 말아요

3.

천 년 동안 눈을 지우고 살갗만 날이 선 당신과 여름 안개 속에서 태어나고 자랐지요*

우화 속의 애벌레일까요? 알일 거야. 매번 긁적이며 나의 움직임을 감시하던 당신은 해초의 올가미를 산소라고 기억해요. 나는 날개를 다는 중이었어요. 텍사스에 살던 도롱뇽처럼 늘 저의 시간을 가두었죠. 허물을 벗기며 어른이 되라고, 벗기고 벗기는 밤에 그만 날개를 벗고 벽화 속으로 헤엄쳐버렸죠. 아라베스크 무늬로 흘린 침을 혀끝으로 맛보는 당신, 닮은 사람만 만나는 걸, 미안해요. 잊지 말아줘요. 이렇게 애원할게요

4.

나는 무엇이든 움직이면 공격해요. 빛인가요? 불 지르는 당신, 결국 제 속에 뼈를 세우다 죽어가요. 개구리 뒷다리, 도마뱀꼬리, 무척추, 척추…… 그렇게 세지 마요. 잡식인 저는 늘 배고픈 늪을 벌려요. 크게 보여요? 서서히 조이면 잊지 말아요. 항상 당신은 마지막 사랑이란 걸. 인제 그만 벽화의 문장을 지워야겠어요. 잊지 말아요. 마지막 사랑만 기억하는 내가 먼저 죽었다는 걸

* 아델의 노래 「Someone like you」 중에서.

아, 그대였던가, 꽃에서 꽃으로*

아버지를 아버지라 부르지 못하고, 열린 옆집 문으로 들어간다

형님, 나는 누구인가요.

머리카락이 살아 뱀처럼 휘감는 바람에게 아버지라 부르는 꽃잎으로 살았기 때문일까요. 뿌리에서 난 길은 발설하지 말아야 할 울음처럼 답지가 없다. 형님처럼 이름표를 달고 질서 있게 서고 싶던 운동장은 꽃피는 계절인데도 지고 있었다. 전학생처럼 언제나 뒤처진 자리가 내 자리라고, 어머니 없이 견디는 바람은 산소가 부족한 호흡기를 쥐어줬다. 구겨진 문을 열 때마다 풍경 소리가 쥐어박으면 박음질한 입안은 적막하다

풍경이 날카롭게 바람을 닫으면, 닫힌 옆집 문으로 나온다

어머니, 나는 누구인가요.

일곱 모가 난 돌 위의 소나무에게 가서 물어보라시면 송화로 살아온 제가 아들이 되는 건가요.

어머니처럼 치마를 입지 않아도 피가 흐르는 칼집에 웅크려 자결한 소녀경을 읽던 사춘기가 밉다.

쌈박질을 그만둔 일기장은 소금 없는 심심한 일상으로 지겹

다. 피를 닦으며 생리대를 버린 날부터 달력이 각혈을 멈췄다. 아버지를 찾으면 신표로 받은 칼을 돌려주고 아들의 주먹으로 멍치를 날리고 싶었다. 어머니의 피가 멈춘 날부터 나는 세상에 버려질 씨앗으로 자라고 있었다고 어머니는 천일의 앤처럼 이야기를 꿰매주셨다. 몰래 생을 꿈꾸는 나는 소리 내어 울지 않는다

나는 분명히 아버지라고 불렀으나, 옆집 문에서 생략한 풍경 소리만 고인다

* 베르디의 곡 「라트라비아타」 중에서.

잊지 말아요*

너의 부재를 따라 내 뿌리를 뽑고 따라 갔었다고 너를 잠들게 한 바위 부스러기가 말해주길 바랐다 그리하여 너의 발이 조금은 무거워져 땅속도 살펴준다면, 그곳의 생도 그리 나쁘지 않을 거라 바랐다면 용서해주길 바랐다 앞으로만 가려고 앞질러간 발자국은 넓게 펴 바른 모래사장이 되었다 나른하고 정지된 액자의 풍경으로 걸려버린 나는 맛이 없는 과거였다 나의 뒤척이는 밤을 그려내지 못한 박제된 풍경은 빛나는 해변의 그리움과 침식된 무중력의 눈을 거두어 갔다 너의 등 뒤에서 내가 본 것은 액자 속의 필름처럼 버린 나의 몸, 이길 바라던 정인情人의 분신

손을 들어 너를 불러보려 했던 내 귀는 발음하는 입 속의 공황을 건져내지 못하고 허우적거리는 늪지로 가라앉았다 은폐한 너를 싣고 유유히 하늘로 날아오르는 금 밖의 활공을 쫓는 것은 귀머거리의 눈, 소리 없이 우는 울음의 금서뿐이었다 나는 분명히 너를 쫓아 떠났으나, 금 안에서 멈춰버리는 단단한 몸, 속을 빠져나간 건 혼백의 분신

낯선 방에서의 시간屍姦은 오랜 풍화를 거친 혀짜래기의 노래

를 불렀다 바위처럼 흔들리는 눈물로 나에게 조금 튼 너의 판과 조우하여 시즙을 마시면 수직으로 기우는 내 생도 조금씩 빗금을 거둘 수 있었다 수평의 액자 속에서 풍경이 사라져가는 밤은 뜬눈으로 자전하며 혼자만 한 사랑을 빻아 너의 가슴에 분신하는 밤이다

금 안으로 들어온 나의 등 뒤에 네 이름, 한때의 분신사바**가 뼛가루처럼 비옥한 문신으로 새겨져 있다

* 허각의 노래 「나를 잊지 말아요」.
** 내 몸을 나누어 너鬼에게 삽입시킨다.

함께, 언제까지나 함께

- HERO*

영웅에 대한 나의 안목을 믿기로 했다 당신이 명명하는 인물과 내가 말하는 인물 사이에 조각을 애써 맞추지 않기로 하자

죽은 영혼이 사는 책과 죽은 노래가 사는 음반 속에 나의 영웅들이 있다 내가 당신과 떠드는 사이 잠시 조명을 꺼두었던 풍경이라 하겠다 저녁의 거리로 내몬 살결의 외로움, 너의 바람기를 방치하기로 한 때부터이다

내가 버린 질투와 내가 잃어버린 족쇄를 싣고 떠나던 숲길의 눈물이 아직도 남아 있어 함께 간 발자국을 쓸어주고 있다 입을 다문 바위가 제 살을 긁으며 물속으로 풀어 준 지느러미를 달아본다 덩어리를 버린 살 마디가 물무늬를 입고도 흔들렸다. 그렇지 그런 거였어. 네가 없어도 혼자 헤엄칠 수 있는 나였어. 가슴을 치며 사랑에 집착한 발들을 떼어 낸다

목울대가 붉어지자 등에 나무를 키운 물고기들이 파열음으로 헤엄치며 뭍으로 나를 밀었어. 정신없이 회고록에 기대어 큰 바위 얼굴만 생각하던 날이던가. 물가에는 발이 계속 자라나 살갗

이 부르트던 고통의 편관 무렵 나는 인어도 사람도 아닌, 귀가 하는 당신의 발끝에 걸린 노래의 가시였다. 어둠을 뭉치고 있는 당신인데도 말이야. 당신을 영웅이라 여겼던 껍질 안은 더욱 어두워져 오늘도 새벽에 취한 당신을 불구로 잠재운다. 바위에 영웅의 얼굴을 새기며 그늘지는 나 또한 당신을 믿었던 것은 발을 말리러 물속으로 떠난다. 나의 영웅을 탓하지 말라는 편지를 물 밖으로 밀어 넣고는

* 머라이어 캐리의 노래 「HERO」.

겹눈目

지지직, 안녕?
화석이 된 에인 시간의 너를 고정된 주파수에서 죽였던 것은 나의 질투
미라가 된 청춘이 물끄러미 바라봐도 부끄럽게, 부끄럽지 않게
우리의 이야기를 드라마가 써 놓은 각본대로 하자

침대 밑에 몰래 끼워둔 허맹이* 같은 너,
모두가 영안실의 너를 찾아 헤매는 동안, 유서 속의 나는 남겨진 너의 삶을 연명하느라 짧은 밤의 비명과 횡사한 심장에 소주를 따라 주고 있어, 여전히 웃고 있는 너

다만, 감염되지 않은 나는 죽지도 못하고

유일하게 남은 너의 핏줄, 그리움은
잘 가라, 의 하루치 수면제를 아침마다 머리맡에 놓고 갔지만
낡은 외로움은 과다복용도 겁이 나지 않아
또렷한 낮밤의 교접으로 새롭게 피었다 간헐적으로 잊곤 했지

젊은 척하지 않는 나를 가슴 떨리게, 아프게 하는 너

먼저 간 반대편 세상에서 둥글리며 오는 너의 발걸음은 입속으로 구슬을 밀어넣고,
꿈속을 뒤척이며 몽정을 하는 부푼 불치병

다만, 감염도 안 된 나를 죽이는 눈이 내 눈동자 속에 살아도

* 짚으로 만든 인형, 나뭇가지에 헝겊을 씌워 만든 인형.

내장기內藏期

구부러진 귀를 밖으로 웅, 웅 배웅하려 한다.
인어人語가 꽉 찬 내장을 비우지 못해
술을 마시는 밤은 혼잣말의 공항에서
결항된 청소부를 끌어다 채찍질한다

너는 내 피부이다. 깔끔한 척만 했다
일주일에 한 번만 청소하는 나는 수건조차 걸레로 만들어 조금씩 문지른다
너와의 일지를 훔쳐 본 귀지의 험담조차 줍지 못한다
화내지 않는 법을 남긴 너와
화라도 내고 싶던 나의 답례의 나날
피부는 도벽 탓이라고 둘러대며
깨진 나와 너의 휴지통을 비우러 갔다
월,화,수,목 토,일:금= 6:1
금요일은 자정까지 나를 버렸다
앞으로 하루를 더 버릴 것이라고
나를 깨버린다 마라

내장을 비우고 운다/ 정리하고 어지럽힌다/ 꽉꽉 찬 휴지통은

비워도 시시한 너뿐이다//

깨진 나를 배웅하는 너뿐이다

죽지 마

네 발에서 두 발로 서게 된 남쪽 원숭이가 고비를 넘겨서 사람이 되었대. 아프리카에서 시작된 불꽃 덕분이래. 이제 모두 다 바꿔 봐. 강한 발톱도 날 수 있는 날개도 없는 작은 덩어리로 살아남기 위한 첫 걸음을 하나, 둘……

무서움은 따뜻한 호기심 ↔ 무서움을 이기는 불을 가져왔어 → 불은 참 괜찮은 무기였어 → 그러니까 유물과 유적 속은 40만 년 전부터 사람이 차별화를 시도한 거야 ↔ 무서움을 따뜻함으로 바꾼 것뿐인데

자유는 두 손으로 도구를 만들 수 있어. 도구로 바뀐 손은 연금술사의 시대. 그래, 그때부터 고독이 필요했던 거야, 동굴을 만들어야 자신을 들여다볼 수 있지. 동굴에서 식물을 연구하고 맹수와 용감히 싸우는 그림을 그려야 해. 더 이상 시체 따위를 사냥하지 않는 전사가 돼야 해. 실망하지 마 촉의 돌을 깨고 다듬는다고, 혼자가 아니야. 함께 있어준 자연과 가까운 적 있었니? 그때만큼 도깨비 영감이 너의 가슴속에 풀무질한 적 있었니……

동굴의 벽을 봐. 빛 없이 두려움뿐일 때 알타미라 동굴과 웅녀의 동굴은 그림으로 견딘 거야. 그림 속의 소원이 더 넓은 동굴의 벽화로 뻗어 도시로 나간 거야. 사람이 된 거라구. 바글바글 수증기 속에 벗어 앉아 때를 미는 틈에 낄 수 있게 되었어. 단지 말을 건넨 것뿐이야, 네안데르탈인처럼 웅크리지 말고 호모 사피엔스처럼 내게 따뜻한 말, 그립다는 말, 아프다는 말을 몰고 와, 내 마음 밖으로

고양이 주의보

폭식과 과음으로 덮쳤어. 주말 밤마다 배가 고파서 자꾸 너의 목을 킁킁댔어. 비겁한 꿈틀이가 입안에서 간석기식 송곳니를 갈아댔지만 어머나, 뽀뽀나 한번 하자는 식의 물꼬를 트는 만남이 어디 있어요? 너는 꿀꺽 마른 침을 손가락에 찍어 나의 볼에 붙여 찜하고는 먹어대기만 했지.

내가 원하는 것은 음식이 아니야. 따뜻한 꿈이 아직도 남아있어 깔깔대는 너야. 상실의 하루를 견디며 주말까지 살아남은 피를 가지고 있어, 너의 피를 한 모금만 수혈해도 되겠니.

더러운 돈은 만지지 말자고 직장생활을 품위 있게 이어가는 게 나의 신조. 가족이 생기고 아래로 책임을 묻는 직원이 늘어나는 나이 줄에 품위가 매달려 있어. 나의 품위는 낡은 외투가 되어 손가락질받는 구석의자를 껴안고 있지. 비겁한 왕꿈틀이가 입속으로 욕을 밀어 넣었다 뱉어내는 고참의 시간.

그래요. 말없이 계산만 하고 미리 빠져주시면 감사해요. 신참들의 목덜미에서 불끈 솟아나는 과열의 술잔은 마찰음을 내며 눈총을 쏘아댄다. 나처럼 나였던 너무 당당하고 비열하게 쏘아

붙이던 그들과 똑같이 술을 마시는 회식의 자리.

폭우 속에서 나를 자꾸 집으로 보내려는 너의 목에 기대었지. 설핏 꿈을 꾸는 동안 피의 맛은 웃음이야. 아, 너에게는 웃음이 남아있어. 너의 피는 웃음, 송곳니로 깨물어 웃음을 마시고 다시 살아나는 주말 밤, 너는 무엇을 찾고 있었니.

구해줘

비치파크 69호에는 비늘을 털어낸 맨살이 꼼지락거려요. 구해줘요.

바닥을 딛고 일어서 봐요. 수족관에 보관할 물이 필요 없어요. 파닥거리는 지느러미를 버렸거든요.

꼬리는 사랑만 보면 엉덩이를 내밀어요. 엉덩이를 그려놓은 엄마가 목청을 빼앗아버렸어요. 물이 필요 없는 지느러미로 울렁거리는 노래를 따라 해요. 튀지 말아야 할 관절이 삐걱거리는 노래를 편집해서 웅얼거려요. 침 튀기며, 골반이 튀는 돌고 도는 사랑과 술래잡기를 해요.

술래는 더 이상 자라지 않고 단단해지는 순정, 연골이 좌우로 흔들던 꼬리를 기억해요. 일어나 좀 더 세워 봐요. 꼿꼿이 서 봐요. 노을빛 호흡을 척척 잘도 맞추시네, 아가미 속 바다도 가두어 봐요. 죽음 바깥도 똑같네요. 언니들도 잘라 봐요. 노래 따윈 집어치워요. 물거품이 되면 끝장이라던 언니들과 엉덩이를 더욱 힘차게 화려하게 흔들어야겠어요.

숨을 쉬는 맨살에 비늘이 돋아요. 사랑은 언제나 목마르다 돌아가고 엉덩이는 헐떡여요. 더 부서질 게 뭔가요. 물거품처럼 다 버렸는데도 사랑은 골반의 속으로 하트를 그리다 날아가네요. 물속의 노래를 찾으러 간다더군요. 당신은 몹쓸 바람둥이,

명문장 구출 작전

너를 보내고 소리를 듣지 못한 내 귀는 퇴화했다. 손가락 편지를 썼다 지운다. 묻고 싶은 안부 대신 남몰래 벙어리 가슴이 되어 입술이 탔다. 배고픔도 그리움으로 오진하는 몸은 물기 없이 말라갔다. 환청이 집을 잃어 떨어져 날리고 먹먹한 종이가 무소음 위를 둥둥 떠다녔다. 내가 먼저 하고 싶었던 소식이 사라졌다. 문자를 지운 머릿속은 너를 보고 싶다고만 기록했다. 왜 떠난 뒤에야 못다 한 말들을 주워 모으는지 알 수 없지만, 다시 만날 때까지 내 안에 되새김질한 말들이 온전하게 버티어 너에게로만 전달될지 자신이 없다. 네가 그토록 껍질 밖에서 소리치고 있는데도, 벌써 닳아진 귀가 나에게서 떠났는지도 모른다. 움켜쥔 너는 말없는 여백으로 정지해 있다. 너는 서서히 지워져 간다. 애초에 우리는 만나지 말았어야 할 자음과 모음. 고함의 절충지에서 이산離散은 우리를 찾아냈다. 이제 곧 두 눈과 입도 지워지면 너의 관음을 펼쳐 읽으리란 걸 알고 있다. 부정 탄 전생에서 진심으로 쓴 너를, 입으로 펼친 비단을 밟고 올 너로 맞이할 후생을 믿고 싶었다. 믿고 죽어간 너라서 죽이지 못하는 내가 다시 귀를 달고 있다.

4부

깨어나, 친구들아

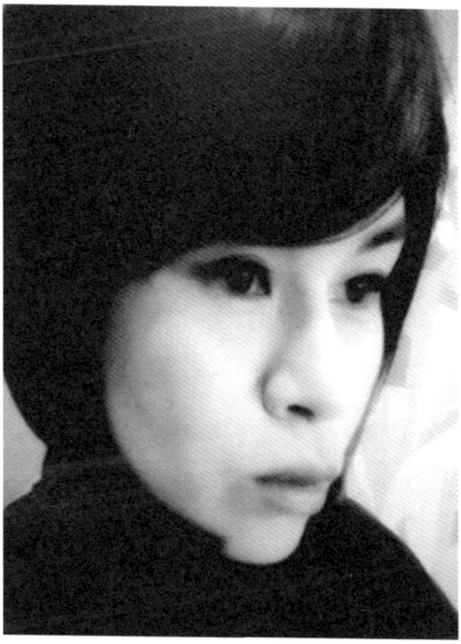

말 탄 사람 토기

당신이 타고 떠난 말발굽 소리
천 년 전 모습 그대로
경주 금령총에 묻혀 있다 여기 온 까닭
속이 빈 내 마음에 사랑이라 하시니, 부어 주는 술잔의 파문

시종의 방울 소리 반가움에 먼저 웃고
뱀처럼 피가 식은 나는 다 져버린 꽃잎,
흔들어도 소용없는 눈물의 갈퀴를 쓰다듬으나
흙을 짓이긴 불로 나를 어찌할 수 있는가

시차를 달리 한 등롱 같은 당신에게서
번져오는 왼쪽 가슴의 통증으로
다시, 오달진 꽃이 필 수 있을까요
꽃이 이울면서 커져가던 콧노래
잊을 수도 있으려니

대롱 끝 천 개의 물방울, 이슬로 내릴 때
더운 피로 다시 만날 수 있다 하신 당신,
빈 배처럼 흔들리며 오시니
잊을 수도 있겠구나, 날 두고 잡던 말고삐

동안, 그동안

- 복사꽃 만발한 동산에서 형제의 의를 맺고 한 나라의 왕실을 함께 구하기로 맹세한다.

내 몸을 해독하는 너는 하이드의 등을 보고 있었어. 나를 분석하는 너는 다면체 분홍계열의 나비학파지. 그래, 다른 여자들은 다 마르고파를 찬양해, 몰려들어, 따귀를 맞아도 매달려, 고통이 곧 아름다움인 마르고, 말라야 사는 여자들과 떨어져 있는 너와 나의 봄은 나비를 키웠던 거야. 분홍 고양이(하이드의 정체)를 누른 건 쥐(지킬의 정체)의 목덜미가 아니라, 음…… 쭈욱 빨아서 먹는 피톨과 혓바닥.

너는 내 몸을 완전 정복처럼 훑고 야광으로 밑줄을 그었어. 만만하지 않은 내게 몰입하지도 못하면서 23종 교과서* 때문이라고 투덜댔지. 여러 자습서 속에서 자지 우지 하던 마스터베이션의 실력을 의심해 봤어야지. 면허증 없이 운전하면 살림동체에게 걸려. 내 등을 올라타는 너는 만취한 지킬(쥐의 변장). 모든 문장은 삶의 불륜이야. 시문난적詩文亂賊**으로 난세를 극복해보자고 저지르는 비평과 창작은 이분법에서 늘 막혔지. 민망하게 유레카를 외치지 말자던, 낮술에 만취한 분홍 나비들이 야광 속으로 날아가던 교정. 나비학파의 시를 찬양하자고 교과서를 딸딸이 하던 파타포***의 지킬과 하이드(제리와 톰). 일심 동체였던 꽃나무엔 근친주의가 피었었지. 다시 사는 게 이분법이야.

제길, 지킬 어디 있는 거야.

* 중등 국어 교과서.
** 문법, 시론에 어긋나는 언동言動으로 시단을 어지럽히고 자극하는 사람.
***파타포: '은유metaphor' 대신 파타피지컬한(pataphysical) 상태의 행위을 적용한 우리만의 시 쓰기 패턴. 파타피지컬한 상태는 이미 해리포터가 체스판에서 말 대신 움직였다. 과학과 은유가 뒤섞인 의식 상태의 시.

화음和音*

내가 너만 바라볼 것임을 안다. 핸드폰에 저장된 너의 번호를 지우면 나는 너에게만 허락한 기호와 다른 이름의 충돌에서 멀어질 수 있다.

속이 마른 휴일의 시간. 나를 찾지 않는, 내가 찾지 못하는 그들의 시간이 너의 손아귀에 기록된 암시일지 몰라. 아무도 만나지 말라는 예언의 서에 쳐놓은 그물이 악수를 잃고 긁적이는 빈 목젖. 너는 나만 바라볼 것임을 안다. 밀물처럼 밀어낸 손들과 헤어진다. 언제나 나의 체취가 그들을 밀어냈다고 타오르기 전에 꺼지는 너의 사구가 혼잣말로 지껄인 등대엔 내가 없다. 나직이 불러보는 내 이름 따라 거리는 만조. 가버려, 기억아 모두 사라져버려.

섬을 정리하고 떠날 때 나를 버리고 갔어야 했다. 너를 붙잡고 늘어진 배편이 끊어지고, 끊기던 나의 결벽. 네가 가면 돌아오지 않을 것이라는 걸 알았을 때, 나는 너에게 기필코 돌아오라는 새끼손가락을 걸지 않았다. 버려진다는 것은 경험으로 되풀이하지 않아도 반드시 직감한다. 이제 버려야 할 때라는 걸 알았을 땐 슬픔 따위도 지겹지 않다.

너는 버리는 것만 배워왔기에 슬픔 없는 집에 세를 살았다. 버림받은 너는 최초의 눈물로 낯선 천국을 건축할 것이다. 나를 온통 재료로 썼어도 물이 새는 자갈투성이의 모래성. 지난날의 내 발자국을 밟고 오는 네가 낯설지 않다. 너는 나에게 돌아와야만 했다. 슬픔은 이제 너의 집이라는 걸 나를 버릴 때부터 알았어야 했다.

노래가 되지 못한 코러스가 뱃고동에 묶여있는 섬, 천국에서 함께 부르던 노래를 벙어리에게 불러주는 내가 낯설다.

* 화음和音이 화음花陰에서 가장 아름답던 시절을 나와 함께 하자고 약속하고 싶었다. 내가 가장 아름다워지던 순간, 너와 함께 집에서 버려지던 시절이었다.

사우다드

투스데이, 오늘 너의 이름을 지어줄게
너를 이제부터 제일 좋아하는 이름으로 부를게
이곳에 표류하면서 너의 몸을 빌려 써서 다행이야
잔소리에 흥분제를 섞은 비음의 프라이데이가 가끔 생각이 나
너를 데리고 온 진짜 이유는 나를 다 버리지 못하는 나 때문이야
너는 나의 살아남은 증인이 되어 줘야 해

죽은 자의 진짜 무덤은 살아있는 이들의 마음에 있다*

첫 문장 너머
그녀가 사는 곳을 알고 있어. 배 밑창에 달라붙은 그녀를 찾으려고 선원이 되었지.
그녀가 떠난 날이 화요일이야.
낯설어지는 고향과 익숙해지는 섬에서 표류하는 프라이데이는 스물다섯의 모습으로만 웃어.
이곳에는 겨울비 대신 봄에도 눈이 내리더군. 체인을 감고 달리며 먹는 딸기는 프라이데이가 좋아하던 말놀이 속 추억이야. 너에게 자꾸 권하는 나는 덤으로 사는 기계의 부속처럼 녹슬지

않는 그녀를 만들어내지.

사실 그녀가 사는 곳에 가려 했어. 그녀를 감싸 쥔 바닷물을 조금씩 먹고 술을 마셨지. 해식성이 아닌 나는 육식성으로 토해낸 사랑을 굶주림으로 슬퍼했어. 순정한 사람이라는 걸 들킬까 봐 그대로 그녀 위에 눕곤 했지.

늙어버리는 고향처럼 나도 그녀에게서 늙어가는 중이야.

준비한 총으로 귀면의 나를 거두어갈 거야. 이제 낯선 그녀의 타향이 두렵지 않아. 바닷속에도 눈이 내릴까.

투스데이, 너의 몸에 새긴 딸기 빛, 나는 금요일에 떠나는 중이야.

* 타키루스의 어록.

지독하게, 독하게

- Hit me a ray of sun*

Jar Coffin/독무덤 청동기/익산 무형리//

나부터 버리고, 어제까지의 나를 묻었다 물고기의 몸에서 자라던 나를 키우던 여자는 새였다 가을 물소리처럼 소리가 없는 새는 나이테를 잉태한 차가운 파문으로 진동을 먹어치운 음원의 몸을 불렸다 날아가야 할 여자 속에서 음표들이 홀씨의 족보를 물으면서 허공의 깃털을 먹어치웠다

고양이 눈썹 위 구름과 빛 사이의 주름은 여자의 튼 뱃살에 굴장된 아버지의 전생을 구부렸다 한곳에 오래 박을 수 없는 기둥을 영원히 묻어버린 독, 항아리에 흙이었던 여자의 몸, 불이었던 여자의 뼈, 또 무엇이 필요했을까 물이었던 혼까지 건너와 집이 되어 기둥을 세웠다 나를 잉태했던 여자의 감옥에서 매장된 가죽과 살이 뼈를 취하여 아버지의 뒤를 이어 족보를 쓰리라

끓어, 태를 씻어 담은 독까지 함께 묻어 모년 모월 모일에 모계의 분신으로 날아오를 때 차마 자르지 못한 무처의 가슴팍을 만지는 육친을 생각한다 내가 다시 물고기의 몸에서 나와 조우할 때, 검정 신조각과 유복자의 유골을 안고 곡하는 새를 먹어

치울 때 진지하게 내가 버렸던 부계의 지층에서 연대기를 받아
적는, 왕가의 후광으로 감옥의 열쇠를 찾을 것이다

중심을 빗겨간 뼈 소리의 잡음이 궁금할수록 온몸으로 쓴 문장이 한 페이지로 넘어가 날개가 돋는다 미혹의 초입에서 부리를 키우는 밤은 뒤척이며 소란하다 질긴 태를 잡고 자라는 음표들이 사슬 위에서 엇박자의 뜬눈으로 자고 있다 다음 페이지가 궁금한 저들에게 내 주름을 받아쓰게 하는, 수직으로 매설한 발 없는 껍질은 미끈한 지느러미의 뒷간 속으로 태胎를 물고 돌아갈, 아직은 기둥이다

* 비욘세의 노래 「Halo」 중에서.

새 모양 옹기

잠든 당신의 숨소리 따라
곡식의 씨앗을 물고 날아간 새의 목은 어디로 달아났나
깨진 옹기의 빗금은 생전의 호사였나
무당의 춤과 꽹과리에 정신없이 찾아와 지난한 원망을 늘어놓으면 어쩌시라고
산 사람 가슴에 가시 무성히 쳐놓고 두 번 곡하시니
당신 참 가없다
새 깃을 타고 하늘로 날아가 달빛이나 어루만지시지
뒤돌아 하는 하소연
푸닥거리 대죽을 울리시네
그곳에서 못다 심은 보리낟알, 콩 이삭 주우시려
새 모양으로 빚으셨는가
다시 살아도 땅에 엎드려 씨앗 묻는 생이라면
죽음도 그리 두려울 것 없구나
동쪽으로 뜬 낮달이 새의 목을 물고 가네
무심심한 입맛 다시며 당신 몸 거두어 가시네

오후의 중력 1

손을 포개어 커튼을 내린 오후
어슬렁 창밖으로 몸을 빼는 햇살을 향해
시계초침이 소리를 낸다
오후 4시의 휴일은
느린 저녁을 부르고
문은 내 이름을 지웠는지 호명이 없다
졸던 눈망울에 시울이 앓던 몇 소절의 웅덩이가 생긴다
내 삶을 공전하는 그는 어디서 어두워지고 있을까
부르기엔 너무 먼 거처를 가진 밤과 한낮의 햇살은
눈 감고 건너는 소음 속 풍경

오후의 중력 2

- 티에라Tierra*

내가 죽은, 오후 4시
아이스크림을 먹는 시청 앞 유리벽에 해가 져요

껍질 안은 평온 해日, 죽음은 행복 해海.
시원하고 달콤하게 나를 놓아주는 안심이라 부를까

껍질 밖은 바쁘구나 (:-(
지금 세상도 맛있어
사르르 녹는 해海를 끌, 끌, 끌고 혀 속으로 사라져 가는 해日

복제된 나를 먹는 내 몸은 에너자이저energizer

다시 어둠이야
내게 주신 평화의 그늘(:-)

슬, 슬, 구슬픈 피가 섞이는 시청이 빛날 무렵
모니터가 살아나는 일光의 시간, 투잡, 투잡.

나의 껍질을 열어 또각또각 줄글을 쓸 시간이에요. 똑같은 어제로 읽지 마요. 난 오늘 태어나 술시에 취할 나라구요.

기상! 두 번째 알람이 껍질을 닦고 아이스크림의 시계바늘을 돌리고, 돌리면 우리 서로를 기만하는 춤춰요

어제가 복제된 밤 속에서 나는 돌연변이가 될 거야
사람들을 부리는 에너자이저의 만국기가 펄럭이는 밤, 시청은 진화한 바다처럼 자체 발광이야

해야! 솟아라~
24시간을 굴리는 생태계의 혓바늘이 쫓아와요
쉿! 또각또각 구두로 썼던 잡종의 서식지는 잊어버려요. 비뚤비뚤
나는 껍질 안으로 들어갈 시간

* 티에라Tierra: 토머스 레이(Thomas Ray)라는 과학자가 컴퓨터상에 구축한 프로그램으로 그야말로 하나의 생태계다. 이 세계가 구축한 그을린 시간 속의 나는,

오후의 중력 3

- with all my heart*

아니, 멀 다음 생에서 보자구요
도시가 아닌 풀밭에서 산딸기를 나눠 먹어요
게으른 한낮 둥글게 말아 쥔 당신의 등 뒤로 열기가 올랐죠
잠이 설핏 들기도 하는 종,종,종 얇은 새의 지저귐처럼
당신이 읽어주는 문장 위로 왕족의 세계가 펼쳐졌지요
다이아몬드는 싫어요
하트를 뽑은 단출한 이부자리를 들판에 깔아 주세요
중년이 즐겨 쓰는 말은 제게 필요 없어요
증시, 땅값, 잔고로 쌓이는 검은 웃음은
철부지에겐 어울리지 않죠
귀족적인 식사를 펼쳐도 코끝은 늘 상큼한 초록으로 길들여졌지요
다시, 한 생이 열리면 무를 먹고 사람으로 태어난 소와 낮잠을 잘 테죠
당신과의 게으른 한 생, 거짓말 같은 탱화가 걸려도 아무에게도 들려주지 않을 거예요
낮만이 남은 이곳……우리에게 집을 나눠주지 않는 햇살의 세계……재물로만 살 수 있는 그루잠의 집은……

비처럼 당신은, 물이었던 당신은 사라졌어요
미숙한 우리는 신기루 같은 집을 지었나요
다음 생에선 사랑으로 만나지 말아요
아니, 이 세상 멸할 때까지 안녕이라 말하지 말아요.

* 셀린디온의 노래 「with all my heart」.

오후의 중력 4

- 등대가 보이지 않아도 너는 나의 뭍으로 기운다.

빨강 말과 하양 말 사이에 흐르는 물을 포구라 했지
너를 기다리는 나는 아직 묶여있어
너는 안녕한지, 뱃고동 한 번 울리지 않는 말들의 등 너머엔
노란 신음들만 몸이 젖는다
빛을 보면 언제든지 찾아와 줘
항해가 길어져 발이 땅을 그리워할 때
젖은 몸을 한번쯤 말리고 싶은 건기가
너의 머리를 한없이 포구로 돌리게 할 때
혼자 우주의 운석이 떨어지는 대양의 한복판에서
몽유로 귀향하는 제 안의 별똥 눈물로 감당할 수 없는 만조일 때
빨간 불과 하얀 불을 내뿜는 말들 사이로 돌아와 줘
아직도 너를 풀지 못한 내가
마지막 모습으로 흔들흔들거리면서도
다른 몸을 밖으로 밀어내는 몽정의 몸을 말려줘
시린 등대를 너무 오랫동안 비워둔 항해

오후의 중력 5

- 칠월에 떠나는 사람

칠월 일요일, Birth day
서로 천적이라고 불렀던 아빠와 이별하려 해

한 달에 한 번씩 별이 떨어지는 걸 보는 나
당신은 7이라 불러요
칠성, 눈을 감기고 떨어지는 천문도를 접어요
고집스러운 별이 지는 칠월은 천문학자 같아
잘 가요, 침 뱉던 사랑이여

껍질을 못 깬 피스타치오처럼 손톱이 매달린 밤이 흐려
가족처럼 밝은 하늘엔 고백도 번외물로 남은 사람
저 스스로 단추를 잠가요, 무덤까지 가져갈 연서는 어디다 놓아두죠
검열로 타들어간 세상은 밤도 낮처럼 등 돌리고 안심해요

배냇저고리와 수의 한 벌이 나란히 누운 밤
새살이 돋아나는 밤, 껍데기만 단단한 손톱이 반짝여요
만져보면 웃는 마지막 모습의 손금도 스스로 정리하는 인사말
잘 가요, 번외의 사랑이여

내 믹스 테이프 리스트*

리슨, heartbeat 밤이 깊었네
너를 위해 노래모음집을 만들고 있어, 밤이 깊어서
A면은 날 잊고 지운 너를 재생하고 있어
리슨, 시청 앞 지하철역에서 우연이라도 만나길 바라
너에게 예전 노래를 불러주고 싶지만,
how deep is your love
2NE 1의 목소리로 말하고 싶어
우~후~우~후 집착하게 하지 마요

리슨, B면의 계절이 heart beat 반복재생 중이네
Lemon Tree에 Love holic한 가루가 반짝이며 새끼손가락을 걸고 있어
기분 좋게 조금 더 기다릴게
You mean everything to me
이 삶이 다하고 나야 알 텐데 내가 이 세상을 다녀간 이유, 바로 너
너만이, 그것만이 내 세상이란 걸

그대 내 품에 꽃송이를 품은 듯, 꿈에 본 듯

꽃잎 날리는 길을 따라 혼자 걸어보았지
니가 없는 거리에는, 참 잊기 어려운 사람이라는 걸 알려주는 추억들뿐
사랑해, 사랑해 고백하고 싶은데
내 낡은 서랍 속의 바다에서 작아지는 바보
네가 말하는 대로
너만 기다리는 여수밤바다에서의 그 바보

나를 장미라고 불러주던 너에게
아, 옛날이여 다시 너의 장미로 피어나고 싶어
천일 동안 첫인상 모습 그대로 남아 있는, 리슨
이젠 그랬으면 좋겠네
그대와 영원히, 이 순간을 영원히

사랑, 지나고 나면 아무것도 아닐 마음의 사치여도 좋으니
나는 위험한 사랑을 상상할 때가 좋으니
Reality, 오빠는 거짓말쟁이가 아닐 거야
리슨, 내 오늘은 울지만 다신 울지 않겠어,
너를 용서하느니 내가 괴로워 안 되겠다

너는 나의 인생을 쥐고 놓아버렸다
당신과의 키스를 세어보며, stay
정말, 나 매력 없니, 리슨

휴, 다행이다 다시 밤이 깊었네
Look at the star, heart beat
오빠는 제발, 잘 가요 로맨스
리슨, 나만 바라봐 오빠를 버려
너무 커버린 내 미래의 그 꿈들 속에서
제발, 결혼해주겠니

* 트랙 위의 가수들: 호연주, 크라잉 넛, 옥주현, 박정현, 이문세, 김윤아, 넬, T, 2EN 1, 2PM, 조용필, 박혜경, 러브홀릭, Coldplay, 인순이, 유재하, 버스커버스커, 노브레인, 박화요비, 이적, 처진달팽이, 김우주, 이소라, 이선희, 동물원, 임태경, 박선주, 빅뱅, 성시경.

부조리한 덩어리

엉덩이를 풀러 가는 Miss와 Mr의 간격에 유의하시길. 동전 크기만 한 구멍이 뚫렸다고, 가령 엉이 진 치질 따위에 미친 고래가 밀고 당길까 봐? 천만에 짝사랑은 일방통행이거든. 싸구려 점액질부터 심지어 머리빗을 대신 넣는 날에는 고등어 먹은 입술처럼 퉁 친 구멍이 팽창해. 멀쩡한 구멍은 집에서나 신통찮게 좁히시지. 세상의 혐오를 배설하는 구멍에 몰래 자해한 현실을 버리는, Miss와 Mr의 간격에서 경박해지기로 하자.

다시 엉덩이가 풀리면 Miss와 Mr의 황홀한 붐붐으로 엉덩이를 잡고 춤을 춰요. 허전한 고백은 사랑해 대신 주머니를 풀어요. 싸구려 모텔에서 다찌 캠프까지 일주일을 쏙 빼고 나면 구멍은 노름판처럼 판이 커져요. 피부는 하고 싶다와 죽고 싶다의 간격에서 해파리처럼 창백해요. 사우나 지압실에 누워 엉덩이를 풀고 나면 바짝 채운 주머니는 물먹은 하마처럼 북서풍을 먹고 퉁 친 헛배가 불러도, 금세 사라질 이름을 등 뒤에서 부르는 고래떼가 우는 밤이 시작돼요. Miss와 Mr의 야윈 쉼표가 고래의 마침표를 할퀴고 할퀴며 떼어주는 데드마스크의 이름표, 처럼 사랑해요.